먹는 욕망

먹는 욕망

당신은 본능을 이길 수 있는가

자기조절 × 선택 × 습관 × 쾌락 × 전략

최형진 · 김대수 지음

빛의서가

― 서문 ―

뇌가 만드는 에너지 혁명

김대수

지난 20년 동안 KAIST에서 강의를 하면서 뇌가 존재하는 의미를 정의하려고 노력했다. 동물과 인간의 뇌가 가지는 공통점을 파헤치다 보면 해답이 있을 것이라 생각했다. 지난 저서 《1.4kg의 우주, 뇌》에서는 적응과 번식에 중요한 뇌의 기능에 대해 이야기했고, 《뇌과학이 인생에 필요한 순간》은 뇌의 본성적인 기능이 어떻게 삶에서 활용될 수 있을지에 대한 담론이었다. 두 책 모두 인간과 동물의 뇌가 가진 공통적인 속성을 기반으로 했다.

이제, 남은 질문은 결국 인간이다. 인간의 뇌는 동물과 어떤 차이가 있길래 문명을 일굴 수 있었을까? 인류학 및 비교생물학, 진화학 등 여러 학문이 이 주제에 대해 다루지만 나는 이 질문을 보다 뇌 자체의 근본적인 속성과 연결 짓고 싶었다.

"오늘 뭐 먹을까?"

인간이 하루에도 두세 번씩 하는 질문이다. 흔한 질문이지만 그

속에는 위대함이 담겨 있다. 무엇을 먹을지 선택할 수 있고 즐길 수 있는 인간만이 할 수 있는 놀라운 질문이다. 대부분 생명체는 이런 질문을 하지 않는다. 먹을 수 있는 대상은 정해져 있고 생존을 위해 에너지를 얻는 것 자체가 버거운 삶이기 때문이다. 그러나 인간의 뇌는 몸을 움직여 에너지를 습득하게 하고 수만 가지 행동을 하며 결과물을 도출한다. 그 시작점에는 늘 인간의 뇌만이 하는 고민 '무엇을 먹을까'가 있다. 만일 기회가 있다면 언젠가 꼭, 신경에너지학 관점에서 이 원리를 연구하고 싶었다.

인간은 자유를 얻었다,
그러나 그것을 포기하는 삶을 산다

인간은 훌륭한 에너지 사냥꾼이다. 인간은 발달한 뇌를 활용하여 다른 동물보다 많은 에너지 이익을 남긴다. 인간의 뇌는 적응을 위해 만들어졌지만 그 임무를 너무 충실히 수행한 나머지 필요보다 더 많은 에너지를 자연으로부터 획득했다. 쓰고도 충분히 남는 에너지로 문명을 이루었고, 문명은 인구를 증가시켰으며, 먹을 것을 직접 구하지 않아도 되는 사회를 만들었다. 일부러 밥을 먹지 않는 사람들이 생겨났고, 인생이란 먹는 게 다가 아니라는 말이 명언으로 여겨지는 우주 최초의 사회를 구축했다.

인간은 직접 사냥하지 않아도 먹잇감을 구할 수 있는 사냥꾼이자, 먹고 먹히는 생태계를 인간사회라는 모습으로 구축한 고도의 사냥꾼으로 거듭났다. 에너지가 남아돌게 되자 드디어 생존과 번식의 굴레를 넘어 자유롭게 살 수 있는 권리를 획득할 수 있게 된 것이다.

이제 인간은 자유로운가? 이 질문에 대하여 에리히 프롬은 인간은 '자유로부터 도피하는 존재'라고 했는데 이 주장은 두 가지 의미를 지닌다. 첫째, 인간은 자유를 얻었다. 둘째, 그러나 그것을 포기하는 삶을 산다. 인간은 훌륭한 에너지 사냥꾼으로서 충분한 에너지를 얻었지만 자유를 누리는 데 그것을 사용하지 않는다. 남는 에너지를 보다 많은 에너지를 획득하는 데 재투자한다. 마치 수십억 원대 자산가가 그 돈을 모으느라 외식 한 번 못하고 돈을 모으는 데만 인생을 투자한 경우와 비슷하다.

인간은 자유를 얻을 능력은 있으나 어떻게 활용해야 하는지는 알지 못한다. 알지 못한다기보다는 못한다는 것이 더욱 맞는 표현일 것이다. 만일 우리의 뇌가 잉여 에너지에 만족할 수 있었다면 현재와 같은 에너지 풍요를 얻지 못했을 것이다. 에너지를 얻으면 다시 에너지 획득과 소유에 활용하는 선순환 발전이 뇌의 진화와 사회 발전의 원동력이며, 인간은 에너지 선순환의 굴레 속에서 불쏘시개로 살다가 인생을 마감한다. 자신에게 필요한 에너지를 채우는 것을 욕구라고 한다면, 이러한 사회적인 명령을 채우려고 하는 것을 욕망이라고 한다. 지난 수백 년 동안 철학, 종교, 윤리를 비롯한 인간 지성이 파악한 바에 의하면 욕구와 욕망은 인간 행복의 충분조건이 아니다.

자유와 행복의 비밀은
먹고 마시는 일상적 과학 속에 있다

"우리 인생은 행복해질 수 있을까?"

이 질문은 뇌의 동물적인 속성을 연구하는 일개 뇌과학자가 감당할 수 있는 수준의 질문이 아니다. 무엇보다 사람마다 행복을 다르게 정의하며, 행복은 여러 학문에서 여전히 연구 중인 심오한 주제다.

어느 날, 올해로 86세를 맞으신 어머니와의 식사자리에서 인류가 오래도록 고민해온 진정한 행복에 관해 수많은 질문이 뇌리를 스쳤다. 아버지가 돌아가신 후, 어머니는 중증 치매를 겪고 계신다. 상실감으로 인해 우울한 하루하루를 보내는 어머께 내가 할 수 있는 일은 매일 다양하고 맛 좋은 음식을 제공해 드리는 일이다. 스마트폰을 열기만 하면 조리하기 간편한 음식과 반찬을 주문할 수 있다. 매일 맛있는 식사를 함께하다 보니 어머니의 상태가 몰라보게 호전되었다.

식사가 살고자 하는 뇌를 다시 깨운 셈이다. 같이 바둑을 두자고 하시고, 아버지 이야기를 꺼내시며, 식구들 안부를 물으신다. 무엇보다 놀라웠던 일은, 집 밖으로 나가면 곧잘 길을 잃던 어머니가 마트에 가서 쌀과 커피를 직접 사오셨을 때다. 자유와 행복에 대한 담론은 인간의 탁월함과 유능함에만 있지 않다. 우리 뇌 속에 담긴 욕망의 정보가 지워질 때, 오히려 한 끼 먹는 기쁨이 행복으로 다가올 수도 있지 않을까?

어머니와 식사를 마치고 설거지까지 하고 나면 수많은 질문이 뇌리를 스친다. 생명의 기원, 문명의 기원, 종교와 철학의 기원이 먹고 자고 일하는 삶의 원리와 연결되어 있다. 뇌는 어떻게 에너지 이익을 추구할까? 에너지 이익 소프트웨어를 유전자로 전수한 인류의 조상들은 어떤 사람들이었을까? 뇌 속에 숨겨진 에너지 원리를 풀면 우리는 프로그램 된 일상으로부터 좀 더 자유로운 존재가 될 수 있지 않을까? 그나저나 뇌는 왜 건강을 해치면서까지 에너지를 지속해서 추구할까? 과연 뇌가 추구하는 진정한 자유란 무엇인가? 비로소 나는 과학자로서 더 현실적이고 올바른 질문을 하게 되었다. 인류의 자유와 행복은 먹고 마시는 단순한 일상적 과학과 연관되어 있음을 깨닫는다.

이때 문득 떠오르는 사람이 있었다. 그의 직업은 의사다. 의사로서 더 많은 자원을 확보하며 편히 살 수 있는데, 굳이 연구의 길을 가겠다고 나선 과학자이기도 하다. 더군다나 그는 욕망의 관점에서 섭식행동을 연구하고 있다.

나는 식탁 위 휴대전화를 집어 들었다.

"최형진 교수님, 요즘 어떻게 지내세요? 최근 〈사이언스〉에 출판하신 논문 잘 봤습니다. 〈유 퀴즈 온 더 블록〉 방송에도 출연하셨더군요. 대단하십니다. 시간 되실 때 한번 뵈면 좋겠습니다. 인류의 일상을 바꾸는 혁명에 대해 글을 쓰려고 하는데 함께 하시면 어떨까요?"

―― 서문 ――

만들어진 쾌락이 일상을 위협한다
최형진

"절대 용서할 수 없어요!"

150kg이 넘는 중년 여성이 소리를 질렀다. 나는 깜짝 놀랐다. 설탕과 인조향을 섞어 스스로 만든 파워음료를 계속 마시지 않고서는 아무 일도 할 수 없다는 이야기에 대해 조심스럽게 나의 의학적 의견을 말했을 뿐인데, 너무나 강하게 방어적으로 반응하여서 깜짝 놀랐다.

"사실 의학적으로는 꼭 파워음료를 마시지 않고도 정상적으로…"

미처 말을 다 하지도 못했을 때 그녀는 또다시 소리쳤다.

"그만 말하세요! 지금까지 수많은 의사가 저에게 파워음료를 마시지 못하도록 해왔지만, 저는 한 번도 용납한 적이 없어요. 선생님도 마찬가지예요. 용서하지 않겠어요!"

무엇이 이런 욕망과 믿음을 만든 것일까?

진료 현장에서 이러한 욕망의 문제로 고통받는 수많은 환자를 만나왔다. 당뇨병 환자들은 혈당을 조절하는 법을 배우기 위해 힘겹게 입원하면서도 병상 옆 서랍을 열어보면 몰래 숨겨둔 과자가 있다. 방금 중환자실에서 심근경색으로 죽을 고비를 넘기고서 살기 위해서라면 무엇이라도 하겠다는 환자도 떡만큼은 줄일 수 없다고 한다. 120kg이 넘는 20대 환자는 아버지와 갈등이 심해지면 먹는 욕망에 탐닉한다.

먹는 욕망 앞에서는 이런 환자들뿐만 아니라 우리 모두 매일 처참하게 무너진다. 몸에 해롭다는 것을 분명히 알면서도 먹고 마시며 욕망에 이끌려 행동한다. '하지 말아야지, 참아야지' 하면서도 매번 무너진다.

그러나 본래 모든 욕망은 건강을 지키기 위해 존재한다. 문제는 현대 자본주의가 만들어낸 지나치게 왜곡된 욕망들이다.

먹는 행복과
병들어가는 나의 몸

"나의 먹는 행복을 빼앗지 마세요."

음식중독food addiction에 대해 이야기하다 보면 자주 듣는 말이다. 음식중독에서 벗어나는 일은 불행으로 가는 길처럼 보인다. 먹는 즐거움은 마지막 남은 행복처럼 느껴지고, 절대 타협할 수 없을 것만 같다.

언뜻 듣기에는 합리적이고 정당하게 느껴진다. 하지만 이는 고도로 발달된 은밀한 뇌가 만들어낸 자기합리화와 변명이다. 우리가 경험하고 있는 먹는 행복들을 하나하나 살펴보면, 본래의 나로부터 온 것은 드물다. 대부분 자본주의 산업이 만들어낸 것들이다. 이 사실을 깨달으면 이야기는 달라진다. 비본질적인 오염된 쾌락에서 해방되어, 보다 본질적인 행복에 더 관심을 가지고 자신의 시간을 집중할 수 있게 된다.

산업의 이익창출은 현대 사회를 이끄는 핵심 신조다. 산업이 이익을 창출하기 위해서는 더 많은 소비가 필수적이다. 더 빨리, 더 많이 소비하라고 우리는 세뇌되고 필요한 것보다 더 많은 것을 소비하고 있다.

마약, 음주, 흡연, 도박, 게임, 인터넷, 과소비, 비만, 음식중독 등 현대 사회에서 문제시되는 것들은 우리의 자유의지가 낳은 결과물인가? 이 문제들과 관련하여 이익을 창출하는 산업들은 단순히 개인의 자유의지가 초래한 문제라고 주장해왔다. 하지만 이러한 주장에 사회운동가들(과학자들, 법조인들 등)은 맞서왔다. 이 문제들은 단순히 개인의 자유의지 때문에 생기는 것이 아니며, 사회가 개인이 중독에 빠지도록 환경을 제공하고 있는 것이야말로 문제의 핵심이라고 외치며 규제를 주장해왔다.

산업과 사회운동가들의 싸움 속에서 그 시대, 그 사회가 합의한 지점에서 제도는 변경되어왔다. 한때는 아편이 합법적인 기호품이었고, 한때는 술이 불법적인 마약이었다. 2024년 현재 마리화나는 지역과 시대에 따라 기호품이기도 하고 마약이기도 하다. 도박은 특정 지역, 특정 조건의 사람에게만 합법적이다. 1914년까지 미국에서 코카인은 합법적이었고, 콜라는 처음 만들어진 1886년부터 1903년까지는 코카인 성분을 포함하고 있었다.

우리의 갈망과 취향은 오염되어 있다. 우리가 먹을수록 음식 산업은 돈을 번다. 우리는 배고파서도 먹지만, 배고픔과 관련 없이 쾌락을 위해서 더 많이 먹는다. 음식 산업은 더 많은 쾌락을 제공하고, 더 많이 돈을 번다. 더 많은 쾌락에 중독된 우리는 더 많은 쾌락을 갈망한다. 우리의 갈망과 취향은 자유의지만의 결과가 아니다. 돈을 벌기 위한 산업이 주입하고 세뇌한 갈망과 취향이다. 나의 행동을 결정하는 갈망과 취향은 본질적인 나로부터 온 것이 아니라, 산업이 돈을 벌기 위해 만들어낸 것이라는 사실을 인지하는 데서부터 문제 해결은 시작된다.

이 책은 문제를 해결하기 위한 시작을 제시한다. 탐욕적 산업에 오염된 먹는 욕망에서 벗어나 참 행복에 더 집중할 수 있도록 한다. 우리는 생존과 번식을 위해 쾌락을 추구하도록 설계된 동물이다. 일상을 지배하고 있는 현대의 많은 산업들은 쾌락을 추구하는 욕망과 이를 기반으로 하는 중독에 의해 작동하고 있다. 우리의 일상적 선택을 좌우하고 있고 우리의 몸을 병들게 하고 있는 욕망에 대해 올바로 이해해야 한다. 그래야만 개인적으로는 더 자유롭고 건강한 삶을 살 수 있고, 나아가 우리 사회는 더 건강한 방향으로 발전해갈 수 있다.

나는 의사를 그만두고
과학자의 길을 가기로 했다

지난 20여 년간 수많은 사람이 내 눈앞에서 죽었다. 특히 거짓 욕망 때문에 죽어간 사람들이 눈에 밟힌다. 비만, 당뇨병, 심뇌혈관 질환은 인류 역사상 과거에는 거의 없던 병이다. 하지만 지금은 수많은 사람을 죽음으로 이끄는 치명적인 팬데믹이다. 현대 자본주의 사회가 비본질적인 오염된 쾌락으로 사람들을 이끈 결과 만들어진 병이다.

왜 이렇게 많은 사람들이 죽어가는 건지 내 눈에는 그 원인이 선명하게 보였다. 먹는 쾌락과 갈망에 중독되어 자기 자신을 죽음으로 이끄는 치명적인 독을 끊임없이 입에 넣고, 삼키고, 죽는다. 계속 먹으면 죽을 줄 알면서도 멈추지를 못한다.

나는 똑같은 당뇨병 약을 세 달마다 반복해서 처방하는 삶을 살아왔다. 아무것도 변하지 않았다. 욕망을 이기지 못하고 사람들은 계속 아팠고, 아플 줄 알면서 끊지 못했고, 죽었다. 나는 돈은 벌 수 있었지만 이들을 죽음의 운명에서 구원하지는 못했다. 근본적인 해결책이 필요했다. 나는 의사를 그만두기로 했다.

나는 내 자녀와 손주 세대가 현세대 사람들과 마찬가지로 거짓된 쾌락과 갈망에 이끌려 다니는 삶을 살도록 보고만 있을 수 없었다. 오염된 욕망으로부터 사람들을 구해야겠다고 생각했다. 이 욕망의 비밀을 알아낼 수 있다면 우리 인류는 자본주의가 만들어낸

병인 비만, 당뇨병, 심뇌혈관 질환이 없는 해방의 자유를 누릴 수 있다.

그렇게 나는 의사를 그만두고 과학자의 길로 들어섰다. 경제적·사회적·문화적 보상을 버리고 죽음의 욕망을 밝히기 위한 탐구자로서 투쟁하며 10년을 달려왔다.

그날도 연구실에서 날밤을 꼬박 새운 참이었다. 질주를 멈추고 잠을 청하려던 때, 갑자기 전화가 울렸다. 내가 의사를 그만두고 뇌과학자로서 모험을 떠나기 시작할 무렵 가장 친절하게 나를 도와주었던 뇌과학자 김대수 교수님이시다.

'또 무슨 좋은 소식으로 전화를 주신 걸까!'

뇌과학으로 욕망을 이기는 방법에 관한 글을 함께 쓰자고 하신다. 과연 뇌과학이 죽음의 욕망으로부터 나를, 인류를 구원해줄 수 있을까?

책을 출간하기 위해 글을 쓰며 감사한 분들이 참 많다. 책에 담지 못하는 감사의 인사는 직접 뵙고 드릴 기회를 고대한다. 마지막으로 가족에게 고마움을 전하고 싶다. '먹는 욕망'에 대한 순수한 호기심과 연구의 꿈을 향해 도전할 수 있도록 응원을 아끼지 않는 사랑하는 아내 은실, 진지하고 깊이 있게 토론하길 즐기는 과학자 아들 준용, 밝은 에너지와 열정을 지닌 사랑스러운 딸 윤서에게도 감사를 전한다.

차례

서문 뇌가 만드는 에너지 혁명 : 김대수　　　　　　　　　　　　5
　　　만들어진 쾌락이 일상을 위협한다 : 최형진　　　　　　　10

1부 당신은 왜 먹습니까?
　　　지금, 누군가 당신의 입맛을 조종하고 있다 : 최형진　　　21
　　　높은 차원의 사냥 전략, 메타헌터의 탄생 : 김대수　　　　37

2부 자기 결정으로 먹고 있다는 착각
　　　나를 조종하는 강력한 뇌의 욕구 : 김대수　　　　　　　　61
　　　우리는 '나도 모르는 사이에' 먹는 행복을 빼앗기고 있다 : 최형진　　79

3부 우리는 더 좋은 선택을 할 수 있다
　　　교묘하고 은밀한 가짜 쾌락에 속지 않는 법 : 최형진　　　99
　　　피할 수 없는 경쟁사회, 당신의 사냥전략은 무엇입니까? : 김대수　　119

4부 습관과 중독의 딜레마

절제의 성공학, 습관과 중독을 이기는 뇌과학 : 김대수   145
불안하면 더 집착한다 : 최형진   161

5부 비만이 우리 삶에 미치는 영향

비만은 부끄러운 일인가? : 최형진   179
비만을 극복하는 뇌과학 : 김대수   203

6부 위험한 욕망이 일과 삶을 뒤흔든다

매력적인 사냥꾼으로 거듭나자 : 김대수   219
우울해서 먹고, 슬퍼서 먹고, 기분 때문에 먹는 사람들 : 최형진   237

7부 삶의 흐름을 바꾸는 거대한 지각변동

자기 조절에 도움을 주는 혁신적 비만치료제 : 최형진   255
에너지를 나누는 인간다움을 추구해야 한다 : 김대수   279

1부

당신은
왜 먹습니까?

배가 부른데도 먹고
몸에 해로운 줄 알면서도 먹는
욕망의 근원을 찾아서

지금,
누군가 당신의 입맛을
조종하고 있다

최형진

현대화되면서 당뇨병, 심장병과 같은 질병이 급속도로 많아졌다.
기나긴 인류의 역사상 없던 질병으로 인해
죽는 사람들이 늘어나고 있다.

왜 갑자기 사람들이
죽어가고 있을까?

파워음료에 중독된 여자

케이트는 한국에서 영어를 가르치는 미국인 강사다. 쾌활하고 밝은 성격으로 언제나 친절하고 웃음이 많다. 다정한 대화와 유쾌한 농담으로 주변을 기분 좋게 만들고는 했다.

나와 케이트는 주기적으로 만나 이야기를 나누었다. 그날도 우리는 대화를 하기 위해 마주앉은 참이었다. 각자 자신의 취미에 대해 이야기하다가, 케이트는 활력을 만드는 비법을 알려주겠다며 본인의 냉장고 곁으로 다가갔다.

냉장고 문을 신나게 연 케이트는 자신의 파워음료를 소개하기 시작했다. 초록색, 주황색, 파랑색 선명하고 화사한 색을 띤 반투명 음료가 2L 페트병 가득 여러 개 나열되어 있었다.

21

"매일 아침 이 음료를 만들면서 하루를 시작해요."

"직접 만드나요?"

"네, 어렵지 않아요. 설탕과 색소와 향을 섞으면 제가 원하는 향과 색과 맛으로 음료를 쉽게 만들 수 있어요."

"매일이요?"

"네, 매일 만들어요. 파워음료를 만들면서 하루를 시작하는 건 저의 큰 즐거움이에요."

"다른 음식을 먹은 다음 이 파·워·음·료를 마시나요?"

나는 파워음료에 힘을 주어 말했다.

"파워음료만 마셔요. 저는 이 음료 없이는 아무 일도 시작할 수 없어요."

"아무 일도요?"

"네, 이 음료를 알기 전 제 인생은 불행했어요. 불행에서 벗어나 보려 여러 시도를 해보았지만 소용이 없었어요. 늘 우울하고 힘이 없었어요. 활력이 없었죠. 하지만 이 음료를 마실 때면 그제야 제 몸에 꼭 맞는 해결책을 찾았다고 느껴요. 살길을 찾은 거죠.

파워음료를 마시면 1분 이내로 뇌가 움직이기 시작하는 것을 느껴요. 서서히 깨어나기 시작해요. 그러다 곧 '확' 하고 살아납니다. 신경세포들이 활동하는 것이 느껴져요. 제 뇌는 파워음료를 필요로 해요."

케이트는 무엇인가에 홀린 것처럼 더 빠르게 말을 이어갔다. 점점 더 흥분하는 것이 느껴졌다. 두 눈이 크게 빛나고 있었다. 허공을 보고 이야기하더니, 갑자기 자신이 얼마나 위대한 일을 해냈는지 공감을 해달라는 듯 눈을 깜빡거리며 나를 빤히 쳐다봤다.

"참… 다행이군요."

나는 의사로서, 그것도 내분비내과 교수로서 이 상황에 어떻게 대응해야 할지 머릿속이 복잡해졌다. 내분비내과의로서 나는 몸의 신진대사 및 설탕과 포도당 등이 몸에서 어떻게 처리되고 뇌세포에 전달되어 작동하는지를 연구하고 진료하는 전문가다. 내가 지금까지 배우고 연구했던 모든 지식은 케이트가 틀렸다는 것을 알려주어야 한다고, 몸에 아주 해로운 음료를 마시고 있다는 사실을 알려줘야 한다고 말하고 있었다. 하지만 케이트의 친구로서는 공감을 요청하는 해맑은 이야기에 찬물을 끼얹고 싶지 않았다.

케이트는 파워음료를 필요로 했다. 적어도 케이트는 그렇게 확실하게 믿고 있었다. 매일 아침 이 파워음료가 케이트에게 큰 도움이 되고 있는 것도 사실이었다. 매일 자신만의 신나는 일상의 의식 ritual을 치루면서 큰 활력과 힘과 위로를 얻고 있는 것은 확실했다.

케이트의 마음은 파워음료를 꼭 필요로 했다. 하지만 케이트의 마음에 파워음료가 도움을 주고 있는 것과 동시에 몸에는 큰 해를 끼치고 있었다.

케이트의 몸에는 과도한 지방이 가득했다. 체중은 150kg을 넘었다. 과도한 체중이 몸을 눌러서 무릎관절에는 이미 만성적 통증이 있었고 관절염이 케이트를 괴롭게 하고 있었다. 얼마 전 당뇨병, 고혈압, 고지혈증, 심장혈관, 뇌혈관 문제로 부모님을 잃었던 케이트는 본인도 부모님처럼 죽을지 모른다는 두려움으로 가득했다.

케이트는 과연 모르고 있을까? 케이트 몸에 있는 이 많은 지방이, 그리고 설탕으로 가득한 파워음료가 매일매일 자신의 몸을 갉아 먹고 있으며 갑자기 쓰러지게 할 위험을 높이고 있다는 명확한 의학적 사실을 모르고 있을까?

케이트는 그 누구보다도 명확하게 알고 있었다. 자신의 마음에 활력을 불어넣는 이 파워음료가 동시에 자신의 몸을 죽이고 있다는 딜레마를 그 누구보다도 명확하게 잘 알고 있었다. 하지만 케이트는 잊고 싶었다. 외면하고 싶었다. 자신의 몸을 짓누르는 현실을 회피하고 싶었다.

그래서 지금도 애써 과장된 밝은 눈빛으로, 그리고 약간의 두려움과 미심쩍은 마음을 숨긴 채 나를 바라보며 빨리 동의해주기를 바랐다. "케이트, 당신에게는 파워음료가 필요해요"라고 말해주기를 말이다.

"다행이군요"라고 말한 후, 어떤 말을 건네야 할까 하는 고민이 내 머릿속을 지나는 동안 3초의 정적이 흘렀다.

"정말 큰 힘이 되겠어요."

"네, 역시 선생님은 제 몸의 특수한 필요성을 이해하실 수 있을 줄 알았어요. 정말 이 분야 전문가세요. 선생님과 이 이야기를 나누기를 잘했어요."

케이트 눈빛에 두려움이 사라지고 안도만 남았다.

"그런데, 케이트…."

말을 끝맺지도 않았는데 케이트가 경계에 찬 눈빛으로 노려보기 시작했다.

"케이트… 사실은, 사실은, 우리 몸에는 그리고 케이트의 몸에는 꼭 파워음료만이 해결책은 아니에요. 우리 몸은 신진대사를 조절할 수 있는 충분한…."

"그만, 됐어요!"

돌연 케이트의 목소리가 격앙되었다.

"지금까지 만난 수많은 의사가 선생님처럼 저에게 파워음료를 마시지 말라고 말해왔어요. 그들은 제 몸이 얼마나 특수한지에 대해 아무것도 이해하지 못했어요. 이것 외에는 그 어떤 것도 제게 활력을 주지 못한다는 것을 이해하지 못했어요. 자신이 전문가라고 믿고 있지만 정말 형편없는 사람들이었죠. 그건 제 삶의 기준에 대한 도전이에요. 전 그 누구의 도전도 용납하지 않아요. 선생님도 마찬가지에요. 선생님도 다른 의사들과 다를 바 없군요."

벌떡 일어난 케이트는 입원실 바깥으로 나가버렸다.

나는 내분비내과 의사로서 크나큰 충격을 받았다. 나는 몸의 신진대사에 대하여, 특히 뇌에서 포도당을 사용하여 활기를 불어넣어 작동하게 하는 기전에 관하여 어느 내분비내과 의사보다도 잘 이해하고 연구하고 있다 자부하고 있었다. 또한 환자의 어려움과 상황을 잘 이해하여 환자의 입장에서 설명하고 설득해서 좋은 길로 인도하고 있다고 자부했다.

하지만 케이트의 신념은 무서울 정도였다. 뭔가 크게 꼬여 있었다.

인류에 없던 질병이 생기다

나는 의사로 있으며 케이트와 같은 환자들을 셀 수 없이 만났다. 음식을 조절하지 못해 당뇨병, 고지혈증, 고혈압으로 고통받다가 급기야 사망하는 사람들을 너무나 많이 봐왔다. 그들은 자신의 욕망과 의지를 스스로 조절하지 못하고 이끌려 다녔다. 아무리 치료하고, 진료하고, 상담을 하여도 도돌이표처럼 환자들은 다시 병원으로 오거나 세상을 떠났다.

케이트와 같은 환자는 인류 역사상 근래에 급작스럽게 늘었다. 당뇨병, 심장병과 같은 질병은 현대에 이르러 급속도로 늘어난 병이다. 기나긴 인류의 역사 동안 없던 병으로 인해서 왜 갑자기 죽어가는 사람들이 늘어나고 있는 것일까?

나는 그 이유가 식욕에 있다고 생각한다. 그것을 해결하는 일이야말로 가장 중요하다고 여기며 나는 연구를 시작했고 그 일을 이어오고 있다.

사람들은 어떤 이유로 가장 많이 죽을까? 많은 사람들이 암으로 인해 죽을지 모른다고 걱정한다. 그러나 전 세계 주요 사망 원인을 살펴보면 사망 원인 1위는 심장질환이고 2위는 뇌줄중이다. 암은 치료제가 많이 개발되어 암에 걸린다고 하더라도 수술 혹은 관리를 하면 완치 확률이 높다. 암 발병 후 5년 내지 10년이 지나면 도리어 암이 아닌 심장질환으로 죽을 확률이 더 높다.

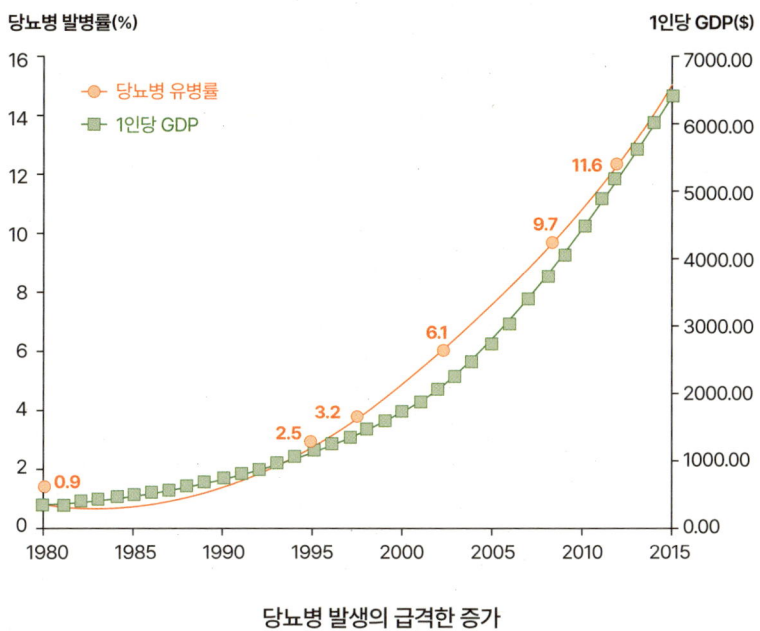

당뇨병 발생의 급격한 증가

그리고 또한 갑자기 늘어난 병이 당뇨병이다. 당뇨병은 지금으로부터 약 50여 년 전인 1980년대에는 발병률이 0.9%였다. 그때까지만 해도 당뇨병은 인류 역사를 통틀어 상당히 드문 병이었다. 인류가 원래 가지고 있던 병이 아니라는 의미다. 그러나 그 수치는 급속도로 높아져 2015년에는 14%를 넘어섰다. 불과 한두 세대 만에 10배 이상 발병률이 증가한 것이다.

다음 그래프는 비만 발생률과 설탕의 소비량을 나타내고 있다. 두 궤적이 놀랍도록 유사하다는 사실을 한눈에 알 수 있다. 그래프를 보면 1700년대에는 비만 발생률이 거의 없었다. 그러나 1980년

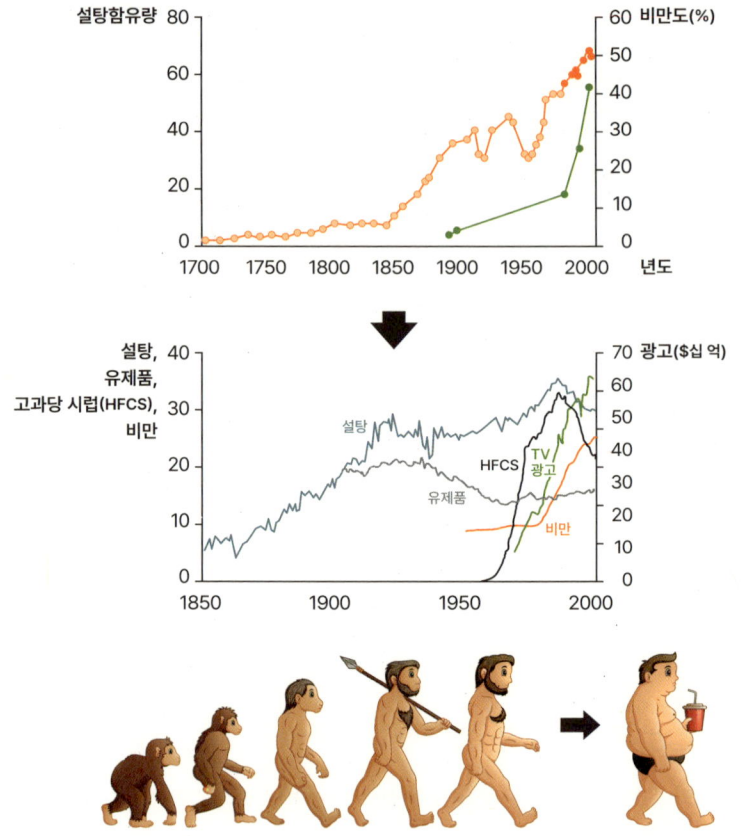

대에 설탕 소비량이 늘어나면서 비만과 당뇨병, 혈관질환 발생률 또한 늘어났다. 인류는 최근에야 이런 일을 겪고 있다.

    인간은 5,000세대에 걸쳐서 천천히 진화를 해왔다. 그 오랜 세월 동안 비만한 인간은 극히 드물었지만 그 수치는 1980년대를 기점으로 급격히 늘어나기 시작하여, 이후 5세대 만에 보편적으로 비만한 인류로 급속도로 변화했다.

인간의 욕망과 의지를
주목하라

왜 사람들이 이토록 속수무책으로 병들어가는지 근본적인 이유를 찾고 해결하는 것이야말로 정말 중요하다. 근본적인 문제를 해결하지 않는다면 인류는 이러한 질병에서 헤어나올 수 없다. 식욕과 의지의 싸움을 치료하는 것은 그야말로 중요한 과제이자 연구다. 그리고 더 근본적으로는 욕망과 의지를 조절해 생활습관을 치료해야 한다. 내가 의사로 있으며 환자를 진료하고 혈관질환을 연구하기보다, 인간의 욕망과 의지를 과학적으로 연구하는 길로 들어선 까닭이다.

의사였던 나는 현재 뇌과학과 대사질환 연구에 집중하고 있는데, 그 시작점은 이렇다. 자연과학 연구에 대한 관심이 점차 생겨나고 뇌과학의 매력에 빠져들기 시작한 시점은 고등학교 재학할 당시부터였다. 1994년 한성과학고등학교를 재학할 당시 좋은 기회로 MIT에서 주최한 RSI Research Science Institute 과학캠프에 6주간 다녀올 수 있었다. 당시 나는 인공지능을 연구하고 싶다고 신청하여, 인공지능을 활용하고 있는 천문대에서 연구할 수 있었는데 그때 잊지 못할 경험을 했다.

그곳에서 만난 연구자들은 순수 자연과학 연구의 즐거움에 매료되어 하루하루를 즐겁게 살아가고 있었다. 그들과 생각과 마음을 나누는 일이 참으로 기뻤다. 자신의 호기심과 지적 즐거움을 위해 인생을 바쳐 집중하는 연구자들이야말로 '덕업일치'를 이룬 직업인이라 생각되었다. 그들과 교류하며 꼭 나도 순수 과학자가 되고 싶다는 다짐을 했다. 이때부터 지능과 뇌에 대한 관심이 커져 갔다.

고등학교를 졸업하고 서울대학교 의과대학에 진학한 후 지적 자극을 받을 좋은 기회를 다시 만들 수 있었다. 1998년이었던 당시 LG 그룹에서는 대학생을 대상으로 해외 탐방 프로그램을 운영했다. 탐방기획서를 제출하면 최종 선발된 팀에게 항공료와 숙박비를 비롯해 연구활동비를 지급하는 LG 21세기 선발대를 모집했었다. 나는 뇌과학을 주제로 지원하여 선발되었고, 2주간 미국에 있는 여러 연구실을 탐방할 수 있었다.

당시 여러 뇌과학자를 만날 수 있었는데, 그중에는 특히 2000년에 노벨 생리의학상을 수상한 저명한 생물학자 에릭 캔들$^{\text{Eric Kandel}}$ 교수님도 있었다. 컬럼비아대학교에서 에릭 캔들 교수님을 만나 뵈었던 그때는 그가 노벨상을 타기 바로 2년 전이었다. 이외에도 미국 동부와 서부의 여러 뇌과학 연구실들에서 사람과 동물의 뇌 기능을 알아내기 위해 열정을 다하는 뇌과학자들의 모습에 큰 감명을 받았다. 그렇게 나는 점점 더 뇌과학의 매력에 빠져들었다.

전문 진료과를 결정하는 과정에서도 뇌질환을 진료하는 신경과 교수님을 찾아가 진로상담을 하기도 했었다. 하지만 온몸의 신진대사와 생리 전반을 이해하고 진료하는 데 매력을 느껴 내분비내과를 선택하였다. 이렇게 2개 다른 분야인 뇌과학과 전신 신진대사를 동시에 공부하고 진료해온 끝에 지금은 뇌가 어떻게 대사를 조절하는가에 관한 뇌과학과 대사질환 연구에만 집중하고 있다.

만들어진 고통에서
벗어나야 할 때

모든 과학자들은 '왜 연구를 하는가'에 관한 질문을 품고 있다. 나도 마찬가지다. 의사를 그만두고 과학자가 되어 지내보니 순수 기초과학과 의학과 같은 응용과학을 둘러싸고 두 가지 다른 방향의 연구 목적 스펙트럼이 있다는 것을 깨닫게 되었다.

나는 환자에 대한 의학적 응용을 위해 시작한 응용 과학자다. 비만과 음식중독 질병이 있는 환자에게서 의문과 문제를 발견하고 이를 해결하려는 목적을 위해 다양한 실험적 도구들과 기초 과학적 발견들을 응용한다.

반면에 특정 응용을 목적으로 하지 않고 순수 호기심으로 시작한 기초 과학자가 있다. 환자에게 응용할지, 식물에 응용할지, 동물에 응용할지 특정 목적에 제한되지 않는다. 이러한 기초 과학자는 진리에 대한 궁금증과 순수한 호기심이 주된 동기로 연구를 하고, 어떤 대상에게 응용될지는 상대적으로 덜 중요하다.

다음 표에서 왼쪽으로 갈수록 자연의 신비를 밝히는 역할에 가

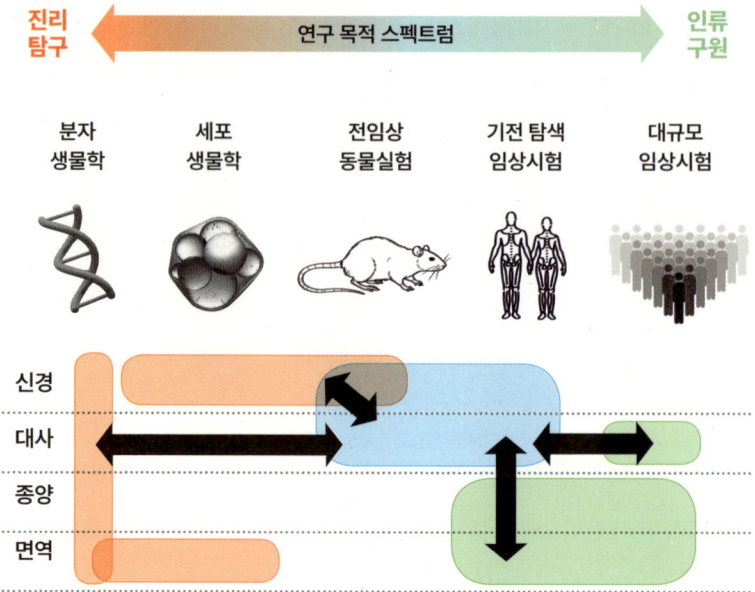

깝고, 오른쪽으로 갈수록 인류가 가진 문제를 해결하는 데 목적을 가진 사람들이라고 할 수 있다. 기초와 응용의 축이다. 아래에 붉은색과 푸른색 스펙트럼에 과학자들이 존재한다.

내가 연구하는 분야는 정가운데 있는 하늘색에 해당한다. 여러 스펙트럼을 넘나들며 다양한 다른 분야 과학자들과 소통한다. 신경과 대사를 넘나들고, 전임상 동물실험과 기전 탐색 임상시험을 오가며 연구한다. 모든 과학자들이 그러하듯, 나 또한 '왜 연구를 하는가'에 관한 질문에 답을 찾아 나가기 위한 여정 위에 있다.

이 글의 서두에서 이야기한 케이트와 같은 환자를 나는 수없이 만나왔다. 음식을 조절하지 못해 고통받는 사람들이다. 현대화되면서 급속도로 만들어진 병인 비만과 당뇨병은 과도하게 음식을 탐닉하는 중독으로 사람들을 몰아넣고 있고, 나는 그러한 대사질환에 대한 근본적인 발병 원인을 이해하여 더 효과적인 진단 분류법과 치료법을 개발하고 싶다. 더 나아가서는 왜 인류가 이토록 음식에 중독되어 가는지를 알아내고 싶다. 인류를 병들게 하는 원인을 제대로 이해하고 우리 사회에서 쫓아낸다면, 인류는 수백 년 전 만들어진 병이 없던 건강한 때로 다시 돌아갈 수 있을 것이라 믿는다.

인류의 거대한 흐름을 다시 되돌리기 위해 나의 연구 인생을 바치고 싶다. 해로운 식습관으로 인해 고통받는 사람들이 자유로운 세상을 만끽하며 진정한 즐거움을 찾게끔 하고 싶다.

우리는 고통을 스스로 끊을 자유의지가 있다

너무나 많은 사람들이 해로운 식습관으로 인해 건강을 잃고 있다. 케이트와 비슷한 사례와 사람들이 우리 주변에 매우 흔하다. 나도 마찬가지다. 이 글을 쓰는 지금 이 순간에도 과자를 씹으며 단맛으로 힘을 내고 있다. 나도 나에게 '파워과자' 없이도 글을 잘 쓸 수 있다고 말해주고 싶다.

하지만 또 다른 나는 달콤한 과자의 단맛 없이는 좋은 영감이 떠오르지 않고 매력적인 글을 쓸 수 없다고 은밀하지만 묵직하게 속삭이고 있다. 괴롭다. 괴로움을 이기기 위해 과자를 하나 더 가져온다. 잠시 활력이 돌고 좋은 글에 대한 아이디어가 생각난다. 하지만 또 은밀한 유혹에 넘어가고야 마는 나약한 나 자신이 싫어진다. 괴로움은 반복된다. 과자 없이도 좋은 아이디어를 떠올릴 수 있고 글쓰기에 집중할 수 있다고 누군가 나에게 말해주면 좋겠다. 나는 얼마든 할 수 있다고 누군가 이야기해주면 좋겠다.

우리 각자에게는 이러한 미해결 숙제들이 있다. 끊어내고 싶고, 그만 하고 싶지만 도무지 해결이 되지 않는 문제들이 우리를 괴롭힌다. 이러한 문제들은, 어린 시절부터 지금까지 겪어온 수많은 경험들에 의해 생겨난다. 집중을 해야 할 때 단 것을 먹어야 힘이 난다거나, 파워음료가 반드시 몸에 필요하다는 믿음의 체계를 학습해왔다. 어렸을 때부터 기쁜 일이나 힘든 일이 있을 때 음식으로 보상을 받은 경험들이 쌓여 이러한 믿음을 만든다. 스스로 만든 보상체계로 자기합리화를 하는 것이다.

안 좋은 줄 알지만 끊어내지 못하는 중독의 굴레 속으로 현대사회는 우리 각자를 몰아넣고 있다. 중독을 기반으로 하는 현대사회의 수많은 작동원리 속에서 중독은 점점 더 강해지고 우리는 점점 더 약해진다. 나약해질수록 더욱더 자기만의 파워음료, 파워과자, 파워음식에 의존하게 된다. 우리를 더 의존적으로 만들어야 더 돈을 벌 수 있기에 식품산업은 점점 더 강력하고 교묘하게 우리 삶을 파고든다.

하지만 케이트도, 나도, 이 글을 읽고 있는 당신도 근본적으로 강하다. 우리에게는 이 중독의 늪에서 빠져나올 수 있는 자유의지가 있다. 우리는 할 수 있다. 현대사회가 강요하는 중독의 굴레에서 벗어나 본질적인 각자의 삶을 되찾을 수 있다. 건강하고 행복한 삶을 살 수 있다.

우리를 중독시키는 은밀한 구조들에 눈을 뜬다면 이길 수 있다. 이제 앞으로 이 책에서 중독에 빠지는 원인과 우리 삶을 구원할 수 있는 해결책에 대해 이야기해보려 한다.

높은 차원의 사냥 전략,
메타헌터의 탄생

김대수

인간은 다른 동물과 달리 다양한 먹잇감을 추구한다.
먹잇감을 교류하며 서식지를 넓혔고, 문명을 발전시켰으며,
생태계 최상위 포식자가 되었다.
현재 전 세계에서 가장 빠르게 성장하는 산업은 푸드테크다.

**왜 인간만이 이토록
다양한 음식을 추구할까?**

높은 차원의 사냥 전략, 메타헌터의 탄생

왜 인간만이 이토록
다양한 음식을 추구할까?

　인간은 무엇을 먹을지 늘 행복한 고민을 한다. 인간 이외에 동물 대부분은 주어진 서식지에 먹잇감이 정해져 있어 고민할 필요가 없다. 여우는 설치류를 잡아먹고 사자는 거대 초식동물을 사냥한다. 극단적인 예로 흡혈박쥐는 피만 섭취할 수 있고 3일 이상 피를 빨아먹지 못하면 사망한다.

　두 발로 직립보행을 하는 동물인 인간은 한 장소에서 앉았다 일어나는 것만으로도 다양한 먹잇감에 도달할 수 있다. 땅에서 자라는 버섯, 나무 기둥을 타고 올라가는 개미, 나뭇가지에 매달린 열매 등 팔을 뻗으면 한 자리에서도 다양한 차원의 먹잇감을 접할 수 있다.

　산해진미山海珍味를 추구하는 미식가 인간은 또한 도구를 개발하여 획득할 수 있는 먹잇감의 범위를 넓혔다. 울산 반구대 암각화에는 창을 던지며 고래를 사냥하는 조상들의 모습이 새겨져 있다. 과거와 현대에 인간이 만들고 사용한 많은 도구들은 다양한 먹잇감을 획득하는 목적을 가졌다. 인간은 이 도구를 활용해 효과적으로 먹잇감을 사냥하고 요리했다.

인간의 사냥 본성은 언어 속에도 남아 있다. 캠페인campaign은 대규모 원정사냥을 뜻하고 스토킹stalking은 사냥감을 지속적으로 추적한다는 의미를 내포한다. 사과만 따는 것이 아니고 면허증이나 학점도 '딴다picking'라고 표현한다. 다양한 언어에서 동사는 사냥이나 획득에 대한 것이고 명사는 그 대상을 뜻한다.

우리 조상들은 다양한 먹잇감을 찾아 지구 구석구석을 누볐다. 만일 인간이 한 종류의 먹잇감에 만족하였다면 인간의 서식지는 먹잇감의 존재와 분포에 따라 제한되었을 것이다. 치타가 아프리카와 아시아 일부에 서식하고 대나무 속을 좋아하는 판다가 대나무 숲을 떠날 수 없는 것처럼 인간도 특정한 지역 내에서만 머물렀을 것이다.

지구는 그야말로 거대한 인간의 식탁이 되었다. 인간이 지구 전체를 자신만의 사냥터로 바꾸는 인류세人類世, anthropocene가 시작되고 현재에 이르렀다. 농경지와 거주지가 확대되면서 경관을 바꾸는 것은 물론 지구상의 생명체 구성도 달라졌다. 현존하는 동물 70%가 가축이고 대량으로 생산되는 식물 대부분은 밀, 벼, 채소 등 농작물이다. 인간의 먹잇감 선택이 생명체의 번성과 멸종을 결정하는 것이다. 20세기 들어 다양한 음식에 대한 정보와 유통망은 더욱더 급속도로 증가하고 있다.

왜 인간은 이토록 다양한 먹잇감을 추구하는 것일까? 나는 뇌과학자이기 이전에 유전학 박사 학위를 가진 유전학자다. 다른 동물에게서는 찾아볼 수 없는 인간만이 가진 이 특별한 추구에 대해 탐구해왔다. 인간의 뇌 속에는 다양한 먹잇감을 사냥하려는 욕구가 있다. 이것이 수백만 년간 인류의 역사를 거쳐오며 유전자에 기록되어 오늘날 현대인들에게 전해지고 있을 것이다. 이러한 유전자가 다양한 측면에서 발현되어 거대한 문명을 구축하고 인간사회를 일군 핵심 에너지로 작동하고 있다.

자신의 이익을 최대화하려는 인간의 본성

1789년 프랑스인들은 하룻밤 사이에 왕권의 신성함을 믿다가 국민의 주권이라는 신화로 돌아섰다. 프랑스 혁명으로 기억되는 이 사건이 우리에게 시사하는 바는 호모사피엔스가 생물학적 진화 없이도 시대의 변화에 발맞추어 신속하게 변화할 수 있다는 것이다. _《사피엔스》중에서

유발 하라리Yuval Noah Harari는 《사피엔스》에서 유전자의 복잡한

〈바스티유 습격Prise de la Bastille〉, 장 피에르 루이 로랑 후엘Jean-Pierre-Louis-Laurent Houël, 수채화, 37.8×50.5cm, 1789

진화 없이도 인류는 인지혁명을 통해 단기간에 사회문화를 만들 수 있다고 주장한다. 유발 하라리의 주장은 대표적인 '문화선택이론'이라 할 수 있다. 오랜 시간이 걸리는 유전자의 진화가 인류를 변화시키는 것이 아니라 특정한 문화를 선택함으로써 인류는 변화할 수 있다는 것이다.

그러나 하루아침에 왕권 중심 사회에서 국민 주권 사회로 바뀔 수 있다는 것을 인정하더라도, 정말로 인간의 본성이 시대의 변화에 맞추어 신속하게 바뀌었는지에 대해서는 동의하기 어렵다. 단적인 예로 프랑스 혁명의 모토인 자유, 평등, 우애Liberté, Égalité,

Fraternité는 갑자기 새롭게 만들어진 것이 아니라, 이것을 추구할 수 있는 본성을 인간이 이미 가지고 있었다고 보아야 한다. 만일 이러한 본성이 없었다면 프랑스 혁명도 없었을 것이다.

그 본성이란 자신이 먹고사는 데 이익을 최대화하려는 성향이다. 이 본성에 따라 프랑스 혁명 이전의 사람들은 계급에 의한 차별에도 불구하고 왕정 계급 사회를 선택했고, 이후 프랑스 혁명을 통해 자신의 이익을 더욱 보전할 수 있는 새로운 제도를 선택했다. 주어진 조건에서 나의 이익을 최대화하려고 하는 인간의 본성 추구가 변화와 발전을 이끌어왔다.

프랑스 혁명 이후 오늘날에도 여전히 독재국가가 존재하고 경제적인 격차에 의한 커다란 계급이 존재한다. 하루가 멀다 하고 값비싼 코스요리를 먹는 부자들이 있는가 하면, 매일 값싼 음식을 먹으며 생활하는 많은 사람들이 있다.

시대나 문화의 변화에 따라 세대 간 차이를 보이지만 근본적인 인간의 본성은 변하지 않는다. 변하지 않는 인간 본성이 다양한 문화와 형태로 표현되고 있을 뿐이다.

다양한 음식을 추구하는
인간의 경향

1859년 다윈Charles Robert Darwin은 그의 책《종의 기원》에서 자연

찰스 다윈(왼쪽)과 허버트 스펜서(오른쪽)

선택이론을 발표했다. 이 이론에 관하여 흔히 알려져 있는 적자생존the fittest will survive이라는 용어는 허버트 스펜서Herbert Spencer가 만들었다. 다윈이 주장한 자연선택이론을 자신의 이론 안에 받아들이는 과정에서 고안한 개념이 적자생존이었다. 다윈은 《종의 기원》 5판에서 이 표현을 받아들였다. 생물학적인 적자란 자손을 많이 번식하는 개체다. 따라서 적자생존이란 강한 종이 번식을 많이 하는 것이 아니라, 번식을 많이 하는 종이 강하다는 이론이다.

적자생존은 종종 오해된다. 힘이 센 포식자가 살아남고, 힘이 약한 먹잇감은 사라진다는 의미로 쓰인다. 그러나 종의 생존에서 강자인지 약자인지는 중요하지 않다. 자연선택을 개체의 생존을 중심으로 설명하면 오해가 생긴다.

찰스 다윈이 유전자의 존재를 알았더라면 자연선택을 유전자 선택이라는 정보학적 관점에서 보다 쉽게 설명했을 것이다. 예를 들어 코뿔소는 뿔의 길이를 결정하는 유전자 X을 가질 수 있다. 코뿔소 집단에서 유전자 X의 빈도는 뿔의 길이를 결정하는 다른 유전자 Y나 Z에 비해 많을 수도 있고 적을 수 있다. 시간이 지날수록 유전자 X의 빈도가 줄어들고 유전자 Y가 늘어난다면, 유전자 Y가 선택되고 있다고 말할 수 있다. 유전자 Y를 가진 개체가 강하냐 약하냐의 문제가 아니다.

이러한 자연선택이론으로 다른 동물들과 달리 다양한 먹잇감을 추구하는 인간의 경향을 설명할 수 있다. 자연선택이론에 따르면, 인간에게는 다양한 음식을 추구하는 유전자와 단일한 음식에 집중하는 유전자가 동시에 존재했는데, 시간이 지날수록 다양한 음식을 추구하는 유전자의 빈도가 높아져 오늘날 인간이 맛있고 좋은 음식을 추구하는 경향이 많은 것이라 설명할 수 있다.

가령 인류 역사상 가장 큰 단일제국을 건설한 몽골의 칭기즈 칸은 아시아를 넘어 유럽까지 세력을 평정하며 세계사의 판도를 바꾸었다. 몽골인들은 유제품과 육식 위주의 식사문화를 가지고 있었는데 중국과 유럽으로 진출한 이후에는 곡물을 비롯한 다양한 음식 문화에 금세 동화되었다.

문화선택이론에 따르면 문화가 바뀌어 몽골인들의 음식 선호도가 하루아침에 바뀌었다고 보아야 한다. 반면, 유전학적인 해석에 따르면 몽골인들에게는 이미 다양한 음식을 추구하는 유전자가 있었기에, 넓은 지역을 정복하여 다양한 음식을 접했을 때 쉽게 적응하고 해당 지역 음식 문화에 동화될 수 있었다.

문화와 유전자의 진화는 함께 가는 것이지 분리될 수 없다. 인간

페르시아의 세밀화. 14세기 추정. 무장을 한 칭기즈 칸이 금나라 병사들과 싸우고 있는 모습.

이 곡물에 관심이 없는 동물이었다면 어떻게 수렵과 채집 경제에서 농경 중심의 생산 경제로 전환하여 사회 변화를 일굴 수 있었겠는가? 농업혁명 이전에 이미 인간은 곡식을 씹어 먹을 수 있는 구강구조와 소화기능을 갖추고 있었고 탄수화물에 대한 선호도를 갖추고 있었다. 농업혁명 이후 인간은 곡물을 분해하는 효소도 높은 빈도로 발현되도록 진화했다.

식문화는 유전자 발현을 변화시킨다

어떻게 유전자가 음식문화에 적응할 수 있는 걸까? 유전자는 자손에게 정보를 전달하는 기능이 강조되기 쉽지만, 유전자의 원래 기능은 당대에 생명현상을 유지하는 데 있다. 밤과 낮, 추울 때와 더울 때, 배고플 때와 배부를 때, 서로 다른 유전자들이 발현하여 몸의 생리를 조절한다.

유전자 발현이란 유전자인 DNA 정보가 RNA를 통해 단백질로 합성되는 과정을 말한다. 예를 들어 효소 단백질이 필요할 때 효소 단백질 유전자가 발현되어 효소 단백질이 더 많이 만들어지도록 하는 것이다.

인간의 유전자 발현이 식문화에 따라 변화된다는 많은 증거가 있다. 다양한 음식 문화가 있는 곳에서 자란 아이는 우유를 분해하는 효소인 락타아제가 어릴 때 발현되지만 어른이 되어서는 억제된다. 그러나 유목민 사회에서 자란 아이는 어른이 되어서도 우유를 분해할 수 있는 효소가 왕성한 변이 유전자가 높은 빈도를 차지한다. 우유를 언제든 먹을 수 있는 현대사회에서도 마찬가지다.

먹잇감이 풍부할 때
갈등은 심화된다

유발 하라리는 그의 책 《사피엔스》에서 계급과 갈등이 발생하는 이유는 인간만이 할 수 있는 미래에 대한 긍정적인 착각 때문이었다고 한다. 인간은 먹잇감을 대량생산할 수 있다는 장밋빛 희망으로 농업혁명을 이루었으나 인구도 함께 증가하여 수급불균형이 생겼고, 늘어난 인구로 인해 부족한 자원에 대한 경쟁과 갈등이 심해져 계급이 만들어졌다는 것이다.

그러나 인구 증가로 인하여 분배할 에너지가 부족해졌기 때문에 계급과 갈등이 생겼다는 주장은 유일한 설명이 아니다. 뇌과학자 입장에서 보면 자원이 풍족한 상황에서도 공격성이 증가할 수 있다. 이를 잘 보여주는 사례가 있다.

1960년 동물행동학 박사 제인 구달Jane Goodall은 콩고에서 침팬지의 행동을 연구했다. 많은 사람들이 제인 구달이 침팬지 사회로 진입하여 연구를 시작했다고 알고 있지만 사실은 그 반대다. 그녀

바나나 캠프로 몰려든 침팬지들이 집단살상을 벌인 이유는 인간이 인위적으로 먹이를 주고 유인했기 때문이었다.

는 캠프에 바나나를 쌓아놓고 침팬지들을 유인했다. 침팬지와 친해져 더욱 가까이서 관찰할 수 있는 기회를 얻기 위함이었다.

밀림의 침팬지들이 점점 더 캠프로 몰려들면서 목적을 달성했지만 문제가 생겼다. 캠프로 몰려든 서로 다른 집단의 침팬지들이 서로 무참히 살상하는 일이 발생한 것이다.[1] 제인 구달은 인간의 전쟁 본성이 다른 영장류 사회에도 있다고 보고 매우 실망스러워했다. 폭력성의 원인을 영장류의 진화론적 공통성으로 해석하는 것이다.

유발 하라리의 설명을 적용한다면, 결론이 달라진다. 캠프에 가면 먹을 것이 풍족하게 있다는 희망을 가지고 여러 침팬지가 한데

모였고, 제한된 바나나를 두고 밀림에서 평화롭게 살던 이들은 하루아침에 서로를 참살하는 괴물로 바뀌었다. 결국 침팬지 집단살상의 원인은, 먹을 것이 풍족한 캠프를 만든 제인 구달 박사의 책임이 된다. 야생동물에게 먹을 것을 주지 말아야 한다는 기본을 지키지 않아 생긴 문제라는 것이다.

그러나 바나나 캠프의 환경이 하루아침에 침팬지를 폭력적으로 만든 것이 아니다. 침팬지는 영역을 고수하는 데 있어 본성적으로 폭력적이다. 밀림에서도 자신의 영역에 들어온 다른 집단의 침팬지를 공격하거나 죽이기를 서슴지 않는다. 정글에서 침팬지가 집단별로 서로 다른 지역에 서식하는 이유이기도 하다. 먹을 것이 갑자기 풍족할 때, 침팬지의 뇌 속에는 그것의 풍족함을 누리는 것이 아니라 있을 때 먹어야 한다는 공격성이 발현된다.[2] 제인 구달 캠프에서 침팬지 집단이 보인 갈등과 공격성은 환경과 침팬지의 본성이 상호작용한 결과다.

인간 역사에 있어서도 마찬가지다. 갈등과 전쟁은 땅과 재화, 즉 먹잇감과 기회가 풍족하게 주어졌을 때 더 많이 생긴다. 자연에서 먹잇감은 늘 일정하게 존재하지 않기 때문이다. 인간의 뇌는 먹잇감과 기회가 있을 때 최대한 많이 확보해놓아야 훗날 살아남을 수 있다고 프로그래밍되어 있다.

농업혁명과 가축화가 일으킨
식문화의 다양화

수메르 지혜문학에서 농사와 목축 중에 무엇이 더 중요한가에 대한 논쟁이 나온다. 타고난 사냥꾼 인간은 목축을 선호할 것 같지만, 신은 농사가 더 중요하다고 판결을 내린다. 밀이나 쌀은 대량생산이 가능할 뿐 아니라 저장이 가능하고 세금을 걷기에 용이하다. 농업혁명이 문명의 발전의 기틀이 된 이유다. 농업혁명은 식재료를 대량으로 생산할 수 있게 되었다는 데 의미가 그치지 않는다. 인간은 필요 이상으로 농산물을 대량생산하게 되자 물물교환을 하였다. 한 지역에서 대량생산한 쌀을 다른 지역에서 생산된 생선이나 과일과 바꿔먹는 형태다. 많이 생산할수록 더 많은 음식을 바꿔 먹을 수 있으므로, 노동을 하더라도 이는 강력한 동기가 된다.

또한 주목할 것은, 농업생산성이 늘어나면 경작지에 접근하는 다양한 동물들로 인해 농작물에 손해를 입지만 이는 손해만은 아니라는 것이다. 예를 들어 농경이 확산하면서 숲이 개간되고 초지가 증가하자 일부 초식동물(사슴, 가젤 등)의 개체수가 증가하였다. 반면, 삼림 서식지에 의존하던 대형 육식동물(곰, 늑대 등)은 감소하였다. 이는 사냥감의 증가로 이어져, 인간이 직접 가축을 기르는 것뿐만 아니라 야생동물도 추가적인 식량 자원으로 확보할 수 있었음을 의미한다.[3]

농경지 확대가 사슴 서식지에 긍정적인 영향을 미쳤음을 시사

말이 끄는 전차와 수레를 묘사한 이집트 벽화. 기원전 1350년경, 대영박물관. 이보다 훨씬 오래 전인 신석기 유적에도 가축화의 흔적이 뼈로 발견된다.

하는 증거들이 있다.[4] 유럽과 북아메리카에서 농업이 도입된 후, 삼림이 개간되면서 초지가 늘어나 사슴과 같은 초식동물의 개체수가 증가했다는 연구가 발표되었다. 영국의 신석기 유적에서 사슴 뼈의 비율이 증가한 것이 확인되기도 했다. 또한 일부 연구에서는 인간이 농업을 시작한 이후, 초원을 개간하면서 가젤, 영양 등 초식동물의 개체수가 증가했다고 발표했다.

이러한 변화는 중동과 유럽의 신석기 유적에서 발견된 동물 뼈 분석을 통해서도 확인되었다. 중동(페르티레일 지역, Fertile Crescent)의 신석기 유적(기원전 약 9,000~7,000년)에서 염소, 양, 돼지의 가축화 증거가 발견되었다. 가축화된 동물들은 야생 개체보다 뼈 크기가 작거나 밀도가 높고, 특정한 유전적 특징(예: 성격이 온순한 개체 선호)을 가지는 경향이 있다.[5]

인간은 농경지 주변에 증가된 초식동물들을 동시에 가축화하여 안정적인 단백질 공급원을 확보했다.[6] 시간이 흐르며 가축은 점차 다양화되었고, 그로 인한 음식 문화 또한 풍성해졌다. 중동의 아부 후레이라Abu Hureyra 유적지(시리아, 기원전 9,500년경)에서는 초기에는 가젤과 같은 야생동물의 뼈가 많았으나, 시간이 지나면서 염소와 양의 비율이 증가했음이 밝혀졌다.[7]

또한 기원전 7,000년경 중국에서는 돼지와 닭이 가축화된 증거가 있으며, 기원전 5,000년경에 이르면 중국의 양사오 문화유적에서 돼지와 닭의 비율이 증가하고 사슴 및 기타 야생동물의 뼈가 줄어드는 패턴이 발견된다. 이는 인간이 농업과 가축화를 통해 사냥 의존도를 줄여가는 과정의 증거로 해석된다.[8]

이처럼 인간은 농경지를 확대할 수 있었을 뿐만 아니라, 직접 가축을 길렀고, 사냥감이 증가하여 야생동물 또한 식량자원으로 확보할 수 있었다.

협력하는 인간

　미식가 조상들은 협력 사냥으로 잉여 먹잇감을 얻어 서로 나누어 먹었다. 그러나 이때 만일 상대가 협력하지 않으면 나는 손해를 보고 상대의 이익만 매우 커진다. 배신자가 늘 더 큰 이익을 얻는 구조가 되니 누가 협력을 하려 하겠는가? 협력의 딜레마다.

　인간은 협력의 딜레마를 푸는 재능을 발휘한다. 협력 대상을 넓혀 모두가 사냥하지 않아도 살 수 있는 이른바 초협력 분업사회를 구축했다. 모두가 사냥만 하지 않고 사냥팀을 도와주는 사냥보조팀, 사냥보조팀을 도와주는 또 다른 연결팀을 만들어 기능적인 생태계를 구성했다.

　인류 조상들의 협력은 사냥협력을 넘어서, 서로 다른 사회집단 간에 먹잇감을 교역하기에 이른다. 이러한 교류의 역사는 서로 다른 음식문화 간에 활발히 이루어졌다. 먹을 것의 교류 혹은 무역은 에너지를 적게 사용하면서도 다양한 음식을 즐길 수 있는 최선의 방법이기 때문이다.

　최근 중국과학원과 막스플랑크 연구팀의 보고에 따르면 북아시아 지역 알타이산맥에서 5,200년 전 곡물이 발견되었다. 이 지역은 실크로드가 통과하는 지역이자 유럽과 아시아가 교류하는 중요한 통로다. 탄소동위원소로 연대측정 결과 역사적으로 본격적인 교류가 일어나기 약 1,000년 전부터 이곳에서 작물이 개발되기 시작했

	시대/무역경로	주요 교역품	영향
1	실크로드 (기원전2세기~15세기)	후추, 계피, 정향, 육두구, 생강, 기장, 밀	아시아 향신료가 유럽 요리에 도입, 보존 및 조리 방식 변화
2	콜럼버스 : 아메리카-유럽 전파 (15~16세기)	감자, 옥수수, 토마토, 카카오, 바닐라, 고추, 커피, 사탕수수	감자가 유럽에서 주요 식량이 됨, 토마토가 이탈리아 요리에 도입, 고추가 아시아로 전파
3	오스만 제국과 커피 전파 (16~17세기)	커피, 차, 설탕	커피가 유럽 전역으로 확산되며 카페 문화 발전
4	대서양 삼각무역 (16~19세기)	사탕수수, 럼주, 면화	설탕이 유럽에서 대중화, 카리브해의 사탕수수 플랜테이션 형성
5	포르투갈-일본 교역 (16세기)	튀김기법, 빵	포르투갈식 튀김이 일본에서 덴푸라로 발전, 빵 문화 도입
6	중국-유럽 차 교역 (17~19세기)	차(tea), 도자기, 비단 vs. 은, 아편	중국의 차가 영국에 전해져 애프터눈 티 문화 형성, 차 교역으로 인해 아편 전쟁 발생
7	유럽-아시아 고추 전파 (16~17세기)	고추	고추가 한국 음식(김치, 고추장 등)에 정착, 쓰촨 요리에서 매운맛 강화

다는 것을 보여주었다.

사실 북아시아 지역은 농경을 하기 적합한 기후는 아니지만, 그곳에 살던 고대인들은 척박한 조건에서도 생존을 위해 밀과 보리를 경작한 것으로 보인다. 농작물이 잘 자라는 동남아시아 지역은 먹을 것이 풍부했으므로 오히려 북아시아 지역에 비해 농경이 발달하지 않았을 수 있다. 고대인들이 필요에 따라 능동적으로 작물을 재배하였고, 이들 작물이 여러 지역으로 퍼지면서 제대로 된 농경지를 만나 거대 도시가 형성되었을 것이다. 일례로 동아시아의 기장은 고대 유럽에서 가장 중요한 작물 가운데 하나가 되고, 밀은 중국의 당 왕조에 이르러 아시아에서 중요한 작물 중 하나로 부상했다.

막스플랑크 인류사연구소 로베르트 슈펭글러Robert N. Spengler III 박사는 2017년에 출간한 저서 《사막에서 온 과일Fruit from the Sands》에서 실크로드를 통한 동서 교역을 통해 서로 다른 곡물을 받아들일 수 있었는데, 이로 인하여 작물을 윤작할 수 있게 되었고, 인구가 폭발적으로 증가할 수 있었다고 말한다. 고고학적 발견은 인간이 적극적으로 서로 다른 사회와 집단과 교류했음을 보여준다.

이러한 이질적인 집단 문화 간의 적극적인 교류는 곧 풍부한 음식문화를 발전시켰다. 활발한 교류 속에 서로 다른 지역에 사는 집단 간에도 상호 다른 음식문화에 대해서 매우 우호적이었을 것이다.

사회생태계를 지배하는
메타헌터의 탄생

인간은 다양한 먹잇감을 추구하는 전략으로 최상위 포식자가 되었다. 생태계의 구성원 중 하나이지만, 지구상에 있는 동물 중 70%를 먹잇감으로 소비하고 있다.

인간을 동물생태학 차원에서 정의하자면, 높은 차원의 사냥전략을 구사하는 메타헌터Meta hunter라 정의할 수 있다. 메타헌터들은 자연생태계에서 사냥을 하지 않지만 사회생태계에서 다른 사람들과 상호작용하거나 가상생태계에서 먹고산다.

다양한 먹잇감을 추구하는 미식가 유전자의 활동은 현재에도 진행형이다. 그 결과 연간 글로벌 농식품 시장 규모는 1경 7,000조 원에 이르렀고, 식료품 시장은 5,000조 원이 넘는다. 온라인 식료품 시장 규모는 2023년 67조 원에서 2032년 2,300조 원으로 연평균 14.6% 성장할 예정이다.

메타헌터 사회에서는 다양한 식품산업과 서비스업이 빠르게 발전하고 있다. 가장 빠르게 성장하는 분야는 푸드테크(foodtech, 식품food과 기술technology의 합성어)로써 연평균 30% 이상 성장해 60조 원 규모다. 여전히 인간은 미식가로서 "무엇을 먹어야 하는가?"에 대해 끊임없이 질문하고 있는 것이다.

그러나 직접 사냥하는 데 쓰는 에너지가 줄어들고 몸에 축적되는 에너지의 양이 늘어나면서 여러 가지 문제가 발생하고 있다. 당뇨병을 비롯한 다양한 대사질환이 증가하고 비만 인구도 늘어났다. 자연에서 살아가는 많은 동물은 당이 부족해서 생존에 어려움을 겪는데, 인간은 넘치는 당으로 인해 고초를 겪는다.

미식가 인간의 의지는 이에 꺾이지 않는다. "많이 먹는 부작용만 막으면 되지 않을까?" 혹은 "에너지 소비를 증가시키는 약을 만들면 되지 않을까?"라는 질문을 한다. 인간은 음식을 섭취하여 몸에 축적하는 데 목적이 있지 않다. 다양한 음식을 맛보고 이익을 남기는 데 목적이 있다. 에너지 축적만을 목적으로 하는 유전자를 지닌 인간은 수천 년 전 역사 속에서 사라졌을 것이다.

최근 과학기술의 반격이 시작되었다. 효과적인 다이어트 프로그램과 운동의 재발견, 그리고 치료기기들이 발전하고 있다. 비만을 억제하기 위해 식욕 억제제와 지방분해효소 억제제가 개발되었고, 그밖에도 다양한 접근이 이루어져 치료제 시장은 2026년에는 약 6조 원 규모로 성장할 것으로 전망된다. 음식문화 발전이 부작용을 만들고 그 부작용을 해결하기 위한 새로운 음식산업을 만들고 있다. 과연 메타헌터들의 지능은 감탄할 만하다.

다양한 먹잇감을 추구하는 유전자를 지닌 메타헌터들의 탐험은 계속될 것이다. 더 다양하고 맛있는 음식을 접할 수 있도록 서비스 경제를 만들었고, 많이 먹어서 생기는 부작용을 제어하는 약물과 기술을 개발하고 있다. 많이 먹고 빨리 죽으면 손해다. 오래 살아남아 맛 좋은 음식을 더 많이 경험하려는 욕망이 꿈틀댄다.

기술발전으로 더욱 풍족하게 될 미래사회가 과연 덜 경쟁적이며 더욱 여유 있는 삶으로 우리를 인도하게 될 것인가? 유전학자로서 나는 이 질문에 비관적이다. 인간을 풍족하게 만든 유전자는 우리가 풍족해졌는지에는 관심이 없다. 여전히 더 큰 에너지 이익을 남기라고 우리를 재촉한다.

그러나 뇌과학자로서 나는 희망을 이야기하고자 한다. 뇌는 '너 자신을 알라'는 소크라테스의 가르침을 수행할 수 있는 메타인지 능력이 있다. 에너지를 욕망하는 인간은 스스로를 성찰하고 더 나은 나만의 인생전략을 설계할 수 있다. 조상들로부터 끊임없이 에너지를 추구하도록 물려받았지만, 어떤 삶을 살지는 선택할 수 있다. 밀려드는 파도를 피할 수 없지만 그 파도를 타고 어디로 갈지는 정할 수 있다. 앞으로 이 책에서 훌륭한 사냥꾼이자 동시에 매력적인 먹잇감인 인간을 탐구하고, 그러한 인간이 구축한 사회에서 우리는 어떻게 현명하게 살아가면 좋을지에 대해 이야기해보려 한다.

2부

자기 결정으로
먹고 있다는 착각

다양한 음식을 추구하도록 진화한 인간,
인간을 유혹하는 수많은 음식
당신은 본능을 이길 자신이 있는가?

나를 조종하는
강력한 뇌의 욕구

김대수

식욕은 마치 꺼지지 않는 엔진과도 같다.
에너지를 얻고자 하는 근원적인 욕구다.
인간의 식욕은 잉여 에너지를 축적하여 다시 먹이를 획득하기 위해
필요한 양보다 더 많이 추구한다.

우리는 본능적 욕구에서
벗어날 수 있을까?

나를 조종하는 강력한 뇌의 욕구

뇌가 만들어내는
가장 큰 욕구

인간은 패배하기 위해 만들어진 존재가 아니야. 인간은 파괴될 수는 있어도 패배할 수는 없어. - 《노인과 바다》 중에서

헤밍웨이의 《노인과 바다》 속 늙은 어부 산티아고는 84일간 바다를 떠돌지만 물고기를 단 한 마리도 잡지 못한다. 자그마치 3달에 가까운 시간이다. 그러나 노인은 이에 굴하지 않고 지금까지 자신이 본 물고기 중 가장 큰 놈을 사냥하러 더욱 먼 바다로 향한다.

《노인과 바다》는 배가 고파서 물고기를 잡으러 바다로 간 노인의 이야기가 아니다. 단순히 배고픔을 충족시키기 위한 목표였다면 더욱 쉽게 성공하는 길이 있었다. 근처 바다에 가서 물고기를 잡아

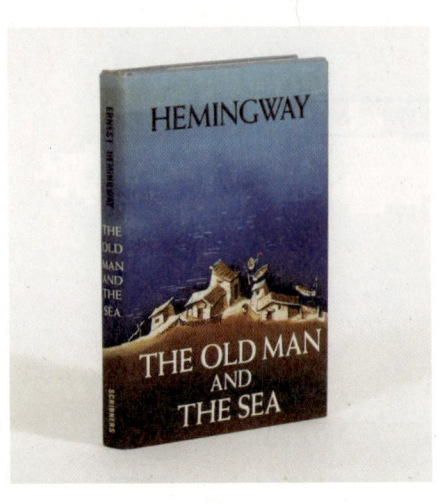

1952년 출간된 《노인과 바다》 초판본.

오거나, 물고기를 판 돈으로 시장에 가서 음식을 사 먹으면 된다.

노인이 먼 바다로 나간 이유는 더 큰 배고픔이 그의 뇌 속에 자리 잡고 있었기 때문이다. 평생 자신이 경험해보지 못한 가장 큰 물고기를 잡겠다는 커다란 목표가 있었다. 먼바다에서 푸르른 청새치를 발견했을 때 노인은 모든 에너지를 쏟아부었고 자신을 한계로 몰아갔다. 그는 사냥에 성공하지만 상어떼의 공격으로 뼈만 남은 청새치와 함께 귀항한다. 집으로 돌아와 지쳐 잠에 든 노인은 세상에서 가장 훌륭한 사냥꾼인 사자 꿈을 꾼다. 노인의 뇌 속엔 여전히 사냥의 욕구가 활활 타오르고 있는 것이다.

《노인과 바다》에서 노인을 통해 표상되는 바와 같이 뇌는 에너지를 획득하려는 궁극적인 욕구를 만들어낸다. 이 욕구로 인해 우리는 일터로 나아가 돈을 벌고 먹을 것을 사 먹는 삶을 반복할 수 있다. 인간의 하루와 문명의 미래를 결정하는 바로 이 욕구의 근원을 밝히는 일은 뇌과학자로서 나의 사명이기도 하다. 산티아고 노인이 자신의 욕구를 획득하기 위하여 큰 물고기를 찾아 먼바다로 나아갔다면, 우리 안의 궁극적 욕구를 찾아 우리가 항해해야 할 곳은 넓은 뇌신경이라는 바다다. 그 넓고 깊은 바다를 항해해보자.

에너지를 얻기 위해
에너지를 소비하는 딜레마

에너지 없이 사물은 존재할 수 없다. 위치에너지, 열에너지, 전기에너지, 중력에너지, 암흑에너지 등 에너지는 세상의 모든 형태로 존재할 수 있다. 물리에서의 무無개념도 에너지의 부재를 말하는 것이 아니다. 에너지가 있어야 사물이 존재하기 이전인 무의 상태도 존재 가능하다. 사물이 존재하면 에너지는 필연적으로 존재한다. 에너지가 변환되어 사물은 정체성을 갖게 되지만, 정작 그러한 정체성 자체가 없다는 것이 에너지의 정체성이다.

이러한 사물과 달리 생명체는 독특한 방식으로 에너지와 관계를 맺고 있다. 세상의 모든 사물은 에너지의 흐름에 편승해 수동적으로 얽혀 있지만, 독특하게도 생명체는 스스로 에너지를 획득하여 자신을 유지한다. 그러나 아이러니하게도 생명체는 에너지를 획득하기 위해 움직이는 순간 에너지가 소모된다. 에너지 딜레마다.

모든 생명체는 에너지를 얻기 위해 에너지를 소모해야 하는 에너지 딜레마를 극복해야지만 생존할 수 있다. 에너지 딜레마를 극복하는 방법은 한 가지다. 소비하는 에너지보다 더 많이 얻어 에너지 이익을 남기면 된다. 더 큰 먹잇감을 얻으면 되는 것이다. 동물들이 보다 더 큰 사냥감을 사냥하려는 이유는 더 많은 에너지 이익을 남기기 위함이다.

물리학자인 슈뢰딩거Erwin Schrödinger는 생명현상을 에너지 관점에서 설명한다. 그는 생명체를 '마이너스 엔트로피를 먹는 존재'라 묘사했다. 엔트로피는 무질서도이므로, 마이너스 엔트로피를 먹는 존재라는 것은 질서도를 유지하기 위하여 에너지를 흡수하는 존재란 의미다. 열역학 제2법칙에 따라 모든 사물은 엔트로피가 증가하는 방향으로 진행하지만 생명체는 에너지를 지속적으로 획득하여 스스로 질서도를 유지할 수 있다.

맥스웰의 악마
사고 실험

이때 생명체가 질서를 유지하려면 유전자가 반드시 관여해야 한다. 유전자에 기록된 유전정보가 반드시 필요한 것이다. 유전정보란 무엇일까? 보다 쉽게 이해해보기 위하여 재미있는 실험에 비유해볼 수 있다. 바로 물리학자 맥스웰의 유명한 사고실험인 맥스웰의 악마Maxwell's demon라는 실험이다.

외부로부터 완벽히 차단되어 에너지를 주고받을 수 없는 두 방이 있다. 한쪽 방에는 더운 공기분자가, 옆 방에는 차가운 공기분자가 있다. 두 방을 연결하는 통로를 열어두면 두 공기분자는 섞이게 될 것이다. 시간이 지날수록 무질서도인 엔트로피가 증가하는 열역학 제2법칙 때문이다. 그런데 통로를 지키는 지적인 존재(악마)가 있어서 찬 공기분자와 더운 공기분자가 문을 통과하려 할 때, 그

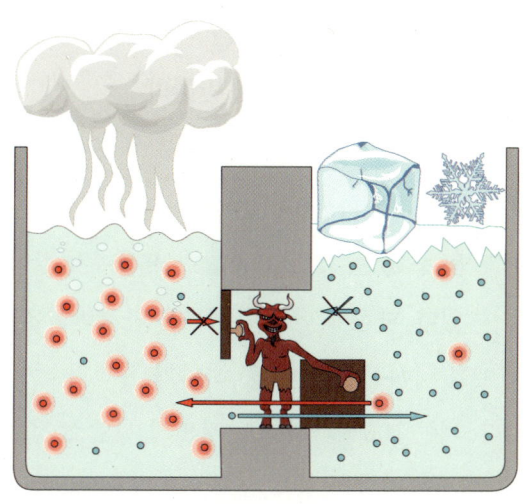

맥스웰의 악마

순간을 인식하여 공기분자가 반대편 방으로 이동하는 것을 막을 수 있다면 두 공기분자는 섞이지 않고 이론상 두 방의 질서가 유지될 수 있다.

생명체에서 맥스웰의 악마 역할을 하는 것이 유전정보다. 유전자에는 에너지 대사에 대한 모든 정보가 기록되어 있다. 유전정보에 따라 수정란이 분열하고 조직을 만들고 하나의 개체를 만든다. 태어난 아기는 젖과 음식을 섭취함으로써 조직과 세포에 에너지를 공급한다. 먹은 음식은 생체에너지인 ATP로 전환되어 항상성을 유지하는 데 활용된다. 질서를 유지하는 모든 생명현상에 유전자가 관여하는 셈이다.

뇌, 정보로
새로운 질서를 만들다

유전정보를 바이트로 환산하면 10기가 정도 된다. 이는 USB 한 개에 충분히 담을 수 있는 정도로, 복잡한 세상에서 살아남는 데는 충분치 않을 수 있다. 때문에 단세포 생물은 환경변화에 취약하다.

이러한 한계를 극복하는 전략 중 하나가 유전자 설계도에 따라 만들어진 뇌다. 뇌는 100테라바이트 정도의 시냅스 정보를 가지는데, 시냅스로 이루어진 신경망의 조합으로 만들어내는 정보의 양은 그보다 훨씬 크다.

뇌가 하는 일 중 하나는 먹잇감을 획득해 몸속으로 섭취하는 일이다. 신경이 없는 동물은 고착하여 먹잇감이 입안에 들어오기를 기다리고(해면, 산호), 신경이 있으나 뇌가 없는 동물은 돌아다니며 입속에 저절로 먹잇감이 들어오도록 하는 전략을 사용한다(해파리, 히드라). 그리고 뇌가 있는 동물은 먹잇감을 쫓아다니며 잡아먹는 사냥 행동을 한다.

그중에서도 인간의 뇌는 다른 동물에 비해 크고 복잡하여 다양한 사냥전략을 구사할 수 있다. 도구나 협력 전략을 사용하여 사냥하는 것은 다른 동물에서도 볼 수 있으나 인간 고유의 특징이 있다. 인간은 사냥하는 데 에너지를 소진하는 대신 자신에게 유리한 사냥터를 구축하는 데 에너지를 투자하였다. 환경에 적응하는 전략을 넘어 에너지 이익을 극대화할 수 있는 환경으로 바꾸어나가는

신경이 있어도 뇌가 없는 동물인 해파리는 먹잇감이 입속에 들어오도록 돌아다니며 먹는다.(위)
뇌가 있는 동물은 먹잇감을 쫓아다니며 잡아먹는 사냥 행동을 한다.(아래)

전략이다. 오늘날 인간은 핸드폰만 몇 번 누르면 맛있는 먹잇감이 문 앞에 도착하는 첨단 사냥터를 구축하기에 이르렀다. 문제는 이로 인해 지구온난화, 환경오염 등 인간조차 살 수 없는 생태계 문제가 발생한다는 점이다.

2016년 '4차 산업혁명'을 주제로 세계경제포럼 WEF, World Economic Forum이 스위스 다보스에서 열렸다. 나는 당시 아이디어랩 IDEA LAB 세션에서 '지구를 소진시키는 욕구'에 대하여 발표한 적이 있다. 이성적으로는 다양한 해결책이 나올 수 있으나, 근본적인 원인은 인간의 무한한 소유욕과 집착에 있다는 점을 설명했다. 포럼의 주제는 '인류가 당면한 문제 해결을 통한 선순환 발전'이었지만, 나는 선순환 발전의 원동력인 인간의 욕구가 문제라는 사실을 지적하고 싶었다.

식욕, 시동이 꺼지지 않는 강력한 엔진

생명체는 마치 시동을 끄는 장치가 없는 자동차와 같다. 에너지 욕구는 꺼지지 않는 엔진이다. 동물들은 태어나서 죽을 때까지 에너지를 추구하는 욕구를 멈출 수 없다. 흔히 먹잇감을 섭취하려는 욕구를 식욕이라 하는데, 식욕의 목적이 에너지 흡수이므로 식욕은 곧 에너지 욕구다.

해파리와 같이 뇌가 없는 동물도 끊임없이 에너지를 흡수한다. 신경이 근육을 움직여 먹잇감에 접근하고 흡수하도록 자동기제 되어 있다. 설계부터가 무한 에너지 흡수를 목적으로 하는 셈이다. 새끼 해파리(유생, planula larva)는 신경이 단순하여 고등감각기관은 없다. 물속을 떠다니다가 바닥에 고착하여 폴립polyp 상태가 된다. 폴립 상태에서 자극반응, 먹이포획 등 신경망과 근육을 갖추게 되어 안정적으로 에너지 공급이 이루어진다. 이때, 폴립은 마치 손오공과 같이 분신을 만들어낸다. 이것을 출아법이라고 한다. 분리된 폴립은 유주해파리Ephyra가 되어 자유유영이 가능해지고, 감각기인 로팔리아rhopalia가 생겨 균형감각 및 빛감지 기능을 갖추게 된

카멜레온은 혀의 길이가 몸 길이보다 1.5~2배 길며, 발사 속도는 중력가속도의 50배 이상, 초속 6m에 달한다.

다. 드디어 능동적으로 먹잇감을 탐색하고 사냥할 수 있게 되는 것이다. 본격적으로 사냥을 시작한 해파리의 크기는 기하급수적으로 커진다. 끊임없이 자신의 몸을 변화시키며, 에너지 사냥효율을 증가시킨다.

양서류나 파충류와 같이 뇌를 가진 동물들은 먹고자 하는 욕구를 담당하는 전문 신경세포가 시상하부hypothalamus에 존재한다. 이들 신경은 눈앞에 먹잇감이 나타나면 자동화된 그리고 더욱 정교한 사냥행동을 보인다. 카멜레온은 혀의 길이가 몸 길이보다 1.5~2배 길며, 발사 속도는 중력가속도의 50배 이상, 초속 6m에 달한다. 이것을 피해갈 곤충은 거의 없다고 보면 된다.[1] 해파리와 다른 점은 욕구가 충족되면 먹이 흡수가 제한된다는 점이다. 이것도 역시 자동화되어 있다. 위가 꽉 차면 시상하부 신경의 신호를 차단한다.

포유류는 시상하부에 더해 대뇌피질을 사냥에 활용한다. 눈에 보이지 않는 숨어 있는 먹잇감도 탐색하여 잡을 수 있고, 위험할 때는 배가 고파도 식욕을 참고 숨어 지낼 수 있는 고등기능을 한다.

인류의 조상들은 해파리와 같이 무한한 에너지를 추구하는 욕구신경뿐만 아니라 사냥터의 게임 룰 자체를 바꾸는 더욱 높은 차원의 욕구신경들을 발달시켰다. 그 결과 지구상에 존재하는 생명체 대부분은 인간의 먹잇감이 되었다.

프로이트의 뇌와 시상하부

몽중夢中에는 마음과 육체에 끼치는 영향이 너무나 커서 내가 깨어 있을 때에는 실제의 인물을 보고도 하지 못할 짓을 몽중에 있는 나를 설득하여 하도록 한다. _《고백론Confession》(성 어거스틴Saint Augustine) 중에서

프로이트의 책《꿈의 해석》은 꿈속에서 엿볼 수 있는 인간의 욕구와 갈망에 대한 이야기다. 프로이트는 꿈이 일정한 구조를 가진 것에 주목했다. 현실 세계의 복잡한 사회적 관계 속에서 조심스러운 나와 달리, 꿈속에선 거리낌 없이 사람을 공격하거나 사랑을 나누는 등 대범한 나를 발견한다.

프로이트는 꿈에 수많은 정보가 응축되어 있기 때문이라고 말한다. 응축된 꿈은 겉으로는 단순해 보이나, 양파껍질처럼 깊은 심층부로 이루어져 있어 하나하나 벗겨내 보면 중심에 우리를 움직

기능	시상하부의 역할	프로이트의 개념
생리적 욕구	음식, 물, 성욕 조절	이드(id)의 본능적 욕구
스트레스 조절	HPA 축 → 코르티솔 분비	자아(ego)의 방어기제 활성화
보상 및 쾌락	도파민 분비 증가	이드의 쾌락 원칙
공격성과 충동조절	편도체와 연결 → 공격성 조절	이드의 충동을 자아가 조절

이는 욕구가 자리 잡고 있다고 봤다. 그곳은 마음 깊숙이 있어 우리가 의식할 수 없는 영역, 즉 무의식의 영역이다.

도대체 뇌의 어느 부위가 이러한 욕구와 충동을 만들어낼까? 아마도 프로이트가 가장 궁금했던 질문일 것이다. 지난 20여 년간 뇌과학 연구에 따르면 가장 강력한 프로이트 뇌의 후보는 시상하부다. 시상하부는 인간의 생리적 욕구를 조절하는 중요한 뇌 부위로, 프로이트의 정신분석 이론과 밀접한 연관이 있다.

프로이트의 정신분석학적 개념인 이드id는 본능적 충동과 쾌락을 무의식적으로 따른다. 시상하부는 이러한 이드의 본능적 욕구를 조절하는 역할을 한다. 배고픔, 갈증, 성욕, 스트레스 반응과 같은 기본적인 생리적 욕구를 조절하는 신경회로를 포함하고 있다.

특히, 시상하부는 음식과 물을 섭취하는 행동을 조절하는데, 측위시상하부lateral hypothalamus는 식욕을 증가시키고 복내측시상하부

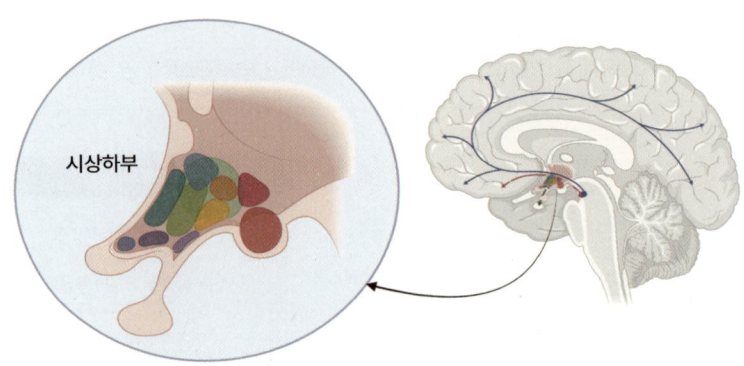

프로이트의 뇌

ventromedial hypothalamus는 포만감을 유발하는 역할을 한다. 프로이트의 관점에서 이러한 생리적 욕구는 이드의 핵심적인 요소이며, 충분히 충족되지 않으면 심리적 갈등과 불안을 야기할 수 있다.

또한, 시상하부는 도파민 보상 시스템과 연계되어 쾌락을 조절하는 역할을 한다. 중뇌의 복측피개영역VTA과 연결된 도파민 경로는 보상을 예측하고 강화하는 데 중요한 역할을 하며, 이는 프로이트가 주장한 쾌락원칙pleasure principle과 상응한다.

무의식적으로 먹게 되는
뇌과학적 이유

즉, 인간이 추구하는 본능적 쾌락은 시상하부와 관련된 신경 메커니즘에 의해 조절되는데, 이때 보상 시스템이 과활성화되면 중독이나 강박적 행동과 같은 심리적 문제로 이어질 수 있다. 나도 모르게 먹게 되고, 음식을 중독적으로 먹게 되는 것도 시상하부가 만들어내는 메커니즘과 관련이 있다.

여기, 눈앞에 맛있는 케익이 있다. 평소에 먹어보고 싶던 음식이었다. 당신의 뇌에서 어떤 일이 벌어질까? 눈과 코는 시각과 후각의 감각신경신호를 뇌에 보낸다. 몸에서 뇌로 전달된 감각신경신호는 두 가지 경로를 거친다. 첫째, 시상thalamus은 감각신호를 대뇌피질신경으로 보낸다. 대뇌피질신경은 '참 맛있게 생겼구나'라고 판단을 내린다. 이것은 우리가 의식할 수 있는 과정이다.

둘째, 시상하부는 대상에 대한 욕구신호를 만들어낸다. 욕구신호는 뇌간을 통해 근육으로 전달되어 대상에 접근하여 먹는 행동을 만들어낸다. 뇌는 시상하부 욕구신호가 만들어낸 섭식행동을 통해 "맛있게 생겼으므로 내가 그것을 먹고 있구나"라고 안다.

이처럼 욕구에 대한 의식과 무의식 신경회로는 대등하게 협력하거나 경쟁하는 관계다. 프로이트가 《꿈의 해석》에서 주목한 것처럼, 왜 꿈속에서 인간이 욕구를 보다 솔직하고 대담하게 표현할까? 깨어 있을 때에는 상황에 따라 욕구를 참을 수도 있고 적절한 환경에서 욕구를 실현한다. 반면 잠을 잘 때 대뇌피질 의식회로는 잠이 들지만, 시상하부의 욕구신경회로는 여전히 활동한다. 잠을 자는 동안 꿈속에서는 우리가 보다 욕구대로 행동하는 이유다.

'나'는 욕구를 거부할 수 있다

프로이트의 정신분석학에서는 정신의 기저에 있는 욕구가 자아를 규정한다고 본다. 그러나 프로이트가 관찰한 무의식의 욕구는 전두엽이 잠을 잘 때 꿈속에서 나타나는 현상이며 욕구를 만들어내는 시상하부는 뇌의 일부에 불과하다. 만일 자아 혹은 에고ego의 정체성에 대해서 논한다면 한 사람의 뇌가 만드는 전체 활동을 봐야 하지 뇌의 일부 활동만을 두고 한 사람의 정체성으로 규정해선 안 된다.

나에게 욕구가 있다고 해서 욕구 자체가 나는 아니다. 뇌의 욕구는 언제나 '열심히 추구하라'고 우리를 다그친다. 그것은 무의식적인 명령이기에 욕구 자체를 없앨 수 없다. 그러나 의식 신경회로는 독립적으로 활동하여 나와 욕구를 분리할 수 있으며, 진정한 자아는 나에게 강요되는 욕구를 거부할 권리가 있는 '나'이다. 욕구에 충실할 의무와 그것을 조절하는 권리 사이에서 의사결정을 하는 것이 자아의 기능이다.

인간이 다른 동물에 비해 보다 많은 권리를 갖는 이유는 획득한 에너지가 상대적으로 풍족하기 때문이다. 인간은 어떤 동물보다도 실제 필요한 에너지보다 더 많은 에너지를 획득할 수 있고, 그만큼 더 많은 자유를 누릴 수 있다. 자유를 누릴 수 있는 에너지 이익을 자유에너지라고 한다면 인간은 자유에너지로 문화, 예술, 정치 등 각자에게 의미 있는 활동을 한다.

욕구는 에너지 이익에 충실하라고 나를 조종하고 강요하지만 그 결과 얻은 자유는 인간이 인간답게 살 수 있는 기회를 준다.

인간은 스스로
자유와 행복을 포기했다

인간이 지구 역사상 가장 많은 에너지 이익을 남긴 결과 자유롭고 행복해졌을까? 이 질문은 인간이 욕구를 넘어설 수 있는 존재인지, 혹은 더 정교한 형태의 억압 아래 살아가는 존재인지를 묻는 일이다. 인간의 본능적 욕구를 조절할 수 있는 자율성 너머에는 보다 복잡하고 은밀한 사회적 욕망이 존재한다.

라캉은 이 욕망이 단순히 생물학적 결핍에서 비롯된 것이 아니라, 사회와 언어, 타자와의 관계 속에서 구성된다고 보았다. 욕망은 결핍에서 태어나지만 그 결핍은 언제나 타자의 시선과 상징적 질서 속에서 의미를 부여받는다.

즉, 우리는 단지 배고프기 때문에 먹는 것이 아니라, 타인이 부러워할 만한 음식, 사회적으로 가치 있다고 여겨지는 방식으로 먹기를 원한다. 이러한 사회적 욕망은 끊임없이 새로워지며 인간은 항상 '더 많은 것' '더 나은 것'을 추구하게 된다.

그 결과 욕구는 제어될 수 있을지언정 욕망은 끊임없이 부풀어 오른다. 우리는 에너지의 획득이라는 목적을 이미 초과했음에도 불구하고 여전히 더 많은 것을 원하고, 더 높은 곳을 향한다. 자유로워졌다고 생각한 순간에도 욕망은 사회가 설정한 틀 안에서 새롭게 자리를 잡는다. 우리는 우리가 원해서 욕망한다고 믿지만, 실상은 사회가 심어놓은 기대와 비교, 경쟁, 이상화된 자아상에 따라 욕망을 설정하고 있을 뿐이다. 이처럼 욕망은 주체의 바깥에서 형성되어 주체를 다시 안으로 끌어당기는 역설적인 구조를 지닌다.

에리히 프롬Erich From은 《자유로부터의 도피》에서 현대인은 자유를 획득했음에도 불구하고 오히려 그 자유의 무게를 견디지 못하고 스스로 도피한다고 말한다. 과거의 권위에 복종하던 시대를 벗어났지만, 이제는 무한한 선택지와 자기결정의 부담 속에서 인간은 스스로를 무력화시키고, 익명성과 동질성 속에 자신을 녹여버린다. 인공지능 시대에 인간의 무력화는 더욱 가속화될 전망이다. 오직 소비의 주체로서 인간은 먹고 살찌기 위한 목적을 향해 진화하고 있다. 다시 말해, 우리는 자유롭게 되었지만 자유롭지 못하다. 욕망은 우리가 결코 도달할 수 없는 것을 목표로 설정하고, 인간을 끊임없이 달리게 만든다. 결과적으로 우리는 소비사회, 이미지사회, 성과사회 속에서 끊임없이 '더 나은 나'를 욕망하지만, 그 욕망의 근원과 방향은 스스로 선택한 것이 아닐 수 있다.

뇌과학적인 측면에서도 에리히 프롬의 진단은 맞다. 인간은 자유를 누릴 수 있는 충분한 자유에너지를 갖추었음에도 욕망에 이끌려 자유에너지를 다시 에너지를 획득하는 습관에 투자하고 만다. 욕구는 조절될 수 있으나 욕망은 사회 속에서 계속 증식하고, 결국 인간은 에너지 과잉의 시대에조차 여유와 행복을 누릴 수 있는 능력을 상실한다. 인간은 언제, 어디서, 어떻게, 스스로 포기한 자유와 행복으로 회귀하게 될 것인가? 그것이 가능하기는 한 것일까?

우리는 '나도 모르는 사이에' 먹는 행복을 빼앗기고 있다

최형진

현대사회는 먹는 즐거움으로부터 우리를 멀어지게 만들고,
더 빨리 많이 먹게 만든다.
이러한 이면에는 우리의 지갑을 열기 위한
수십 년간의 은밀한 노력이 숨어 있다.

빼앗긴 먹는 행복을
어떻게 되찾을 수 있을까?

우리는 '나도 모르는 사이에' 먹는 행복을 빼앗기고 있다

습관적으로
계속 먹는 사람들

강진국 씨는 정신줄을 놓고 loss-of-control 먹는 폭식증 환자다. 한번 정신줄을 놓고 먹기 시작하면 자신이 얼마나 먹는지 모른 채 멈출 줄 모르고 먹는다.

"이번 달은 어떻게 지내셨어요? 아버지와는 잘 지내고 있나요? 아르바이트는 잘하고 있고요? 체중이 좀 늘었군요."

"…"

강진국 씨는 아무 말 없이 자신 없고 침울한 표정으로 고개를 숙인다.

"다시 힘든 시간을 보내고 계시군요. 이번 달에도 방 안에서 대부분 시간을 보내셨나요?"

"아버지와 그런 대화를 하고 나면… 참을 수가 없어요. 아무것도 하고 싶지 않아요. 아무 데도 가고 싶지 않아요. 다 싫어요! 그러다가 답답함이 가득 차오르면, 저도 모르게 그 상자를 꺼내요. 먹기 시작하면 아무것도 생각나지 않아요. 정신 차리고 나면… 이미 늦었어요. 저 어떻게 하죠? 너무 힘들어요."

강진국 씨는 폭식증 환자다. 폭식증은 가장 흔한 섭식장애로 전체 인구의 3%에서 발견된다. 폭식증은 비만을 유발할 뿐만 아니라 삶의 질을 저하시키고 수명도 단축시킨다.

폭식증이 정신줄을 놓고 먹는 행동을 제어하지 못하는 섭식장애인 반면, 유사한 행동으로 무신경 식사mindless eating가 있다. 지금 자신이 어떤 음식을 먹고 있는지 집중해서 느끼거나 음미하지 않고 아무 생각 없이 계속 먹는 행동이다.

특히 영상매체를 시청하면서, 스포츠 경기를 보면서, 먹는 것에 집중하지 않고 습관적으로 계속 먹는 행동을 말한다. 소파에 누워서 텔레비전을 보며 과자를 먹다 보면 한 봉지가 어느새 없어져 있는 경험이나, 영화관에서 습관적으로 팝콘을 먹다 보면 자신도 모르는 사이에 절반을 먹어버리는 등 무신경 식사는 어렵지 않게 누구든 경험할 수 있다.

나는 시상하부 비만이라는 난치성 비만 환자군을 연구하여 2023년 발표했다. 시상하부 비만은 시상하부의 기능 이상으로 발생하는 심각한 비만이다. 시상하부는 몸의 배고픔, 배부름, 섭식행동을 조절하는 핵심 뇌중추다.[2] 이 시상하부 주변에 종양이 발생하면 이를 제거하는 과정에서 눌려 있었던 시상하부가 다시 팽창하는데 이때 기능 이상이 발생하여 심각한 난치성 비만이 발생하는 것으로 추정하고 있다.

이 환자군들을 모아서 음식 사진을 컴퓨터 화면으로 보여주면서 음식 사진에 얼마나 집중하고 민감하게 반응하는지 측정하는 컴퓨터 반응 검사computerized task를 했다. 놀랍게도 시상하부 기능에 손상이 생긴 환자들은 음식에 집중하지 못하고 민감하게 반응하지 못했다. 음식에 대한 감각적 반응이 둔감해지면서 생각 없이 먹고 더 많이 먹는 양상으로 비만이 되는 것이었다.

인간은 천천히 음미하도록 진화했다, 그러나

인간은 본래 '무엇을 먹을 것인가'라는 문제에 있어 매우 신중했다. 천천히 음식을 음미하며 먹는 행복을 즐겼다. 그런데 왜 음미하지 않고 아무 생각 없이 계속 먹는 사람들이 이렇게도 많아졌을까? 왜 음식에 대한 감각적 반응에 둔감해진 사람들이 이토록 많이 생기는 걸까? 우리는 자신도 모르는 사이에 먹는 행복을 빼앗기고 있다.

야생 사냥 채집 시절 인류는 음식이 지닌 오감 특징에 집중하면서 먹어야 했다. 음식은 안정적으로 항상 일정하게 공급되지 않았

과거 인류가 얼마나 잠재적 음식에 대해 자세한 평가를 하고 다녔을지, 산책할 때 강아지가 얼마나 열심히 냄새를 맡는지 보며 상상해볼 수 있다.

다. 얼마나 영양분이 있을지, 오히려 상해서 먹으면 위험할지, 혹은 치명적인 독을 품고 있지는 않은지 잘 알지 못한 채 불확실한 사물들을 찾아 다니며 먹어야 했다. 강아지와 산책을 할 때 강아지가 얼마나 열심히 냄새를 맡고 다니는지 생각해보면, 과거 인류가 얼마나 열심히 잠재적 음식에 대해 자세한 평가를 하고 돌아다녔을지 상상해볼 수 있다.

가령 로봇을 예로 들어보자. 어떤 물체에 영양분이 있는지 없는지, 어떤 물체를 먹을 수 있는지 등 세상에 관한 대부분의 정보가 입력되어 있지 않은 제로상태에서 로봇을 만든다고 상상해보자. 로봇의 행동 조절 구성요소를 어떻게 설계하면 좋을까? 생존과 번식을 극대화하기 위해서는 단순한 '해go, 안 돼no-go' 알고리즘 시스템만으로는 충분하지 않다.

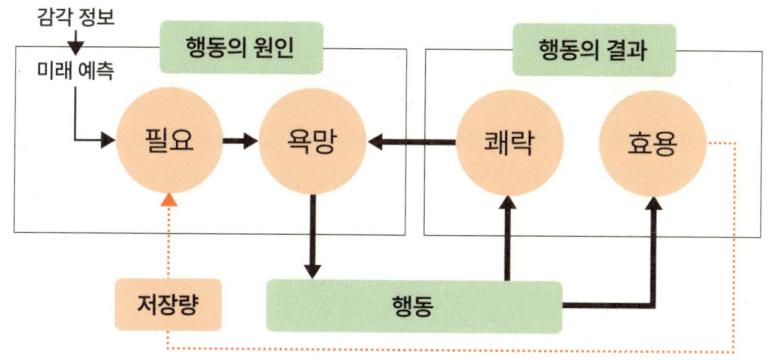

행동을 조절하고, 행동에 반응하는 심리적 구성요소

(1) 내부 및 외부 정보를 통해 계산
(2) 직접 행동을 시작
(3) 현재 행동을 언제까지 유지할지 결정
(4) 미래에 적합한 행동을 결정
(5) 경험을 통해 이러한 알고리즘을 업데이트

로봇에게는 이러한 복잡한 알고리즘이 필요하다. 로봇은 다양한 경험을 통해 상호 연결되고 업데이트되는 여러 개의 고유한 알고리즘을 보유해야 한다. 우리는 이러한 '로봇의 생존과 번식을 위한 알고리즘'에 해당하는 것을 동물의 '심리적 구성요소'라고 부르려 한다.[3]

로봇과 마찬가지로, 생존을 위한 행동을 조율하려면 심리적 구성요소들이 뚜렷하게 나뉘어 있어야 한다. 첫 번째 구성요소로 예상되는 결핍에 기반한 알람이 있어야 한다. 이를 '필요'라고 부르자.

두 번째 요소로 직접적인 행동의 유발인자인 '욕망'이 있어야 한다.

세 번째 요소로 현재 행동에 대해 즉각적으로 평가와 지침을 알려주는 '쾌락'(혹은 '고통')이 있어야 한다.

네 번째 요소로 최근 행동들의 종합적 결과에 대해 최종적인 평가와 지침을 알려주는 '효용'이라는 요소가 있어야 한다.

세상에 관한 대부분의 정보를 알지 못했던 인류는 열심히 살펴보며 먹을 것을 찾아다녔다. 열심히 냄새 맡고, 입에 넣어서 부수면서 미각으로 느끼고, 후각과 촉각을 동원하여 살펴본 다음, 삼킬지 말지를 결정했다.

조금이라도 독을 지니고 있을 위험이 있으면 뱉었고, 영양분이 별로 없다고 감지할 수 있는 맛이 나거나 냄새가 나는 경우 먹기를 빠르게 중단했다. 그리고 만일 많은 영양분이 있을 것이라 감지되는 경우, 삼키기도 전에 이미 많은 양의 영양분이 들어올 것을 감지하고 이를 바탕으로 소화할 준비와 영양분을 받아들일 준비를 시작했다.

이처럼 삼키기도 전에 음식이 지닌 5감 정보만으로도 곧 섭취하게 될 영양분을 예측해서 선제적으로 신경반응이 이루어진다는 것이 2015년 대표적 과학저널 〈네이처Nature〉와 〈셀Cell〉에 동시에 발표되었다. 감각기관이 음식을 발견하기만 해도 삼키기도 전에 인지적으로 배부름을 유발한다는 것이다. 미리 배부름을 발생시키며 천천히 브레이크를 걸어가는 것은 몸에 필요한 적절한 양을 먹고

M&Ms 초콜릿 그림을 바라보며 30번 먹는 상상을 한 이후에는 3번 먹는 상상을 한 이후에 비해 더 적은 양의 초콜릿이 먹고 싶어진다.

식사를 멈추기 위해 매우 중요한 기전이다.

비유하자면, 빠르게 달려가던 자동차를 횡단보도 정지선에 정지시키려면 횡단보도에 도달하기 한참 전부터 서서히 브레이크를 걸어야 하는 것과 마찬가지다. 만일 몸에 영양분이 충분히 섭취되고 소화되어 혈액에 도달한 이후부터 브레이크를 걸기 시작한다면, 몸에 필요한 적절한 양인 지점에서 먹는 행동이 멈추는 것이 아니라 정지선을 넘어가는 과식overshoot이 발생할 것이다.

나는 이런 인지적 배부름을 뇌의 어느 신경에서 담당하는지 환자를 연구하고 쥐를 연구하면서 규명하여 2024년에 과학저널 〈사이언스Science〉에 발표했다. 흥미롭게도 비만 환자들에게 치킨을 입 안에 가득 넣고 음미하면서 배부름 점수를 설문하여 인지적 배부름을 측정하는 실험을 한 결과, 대표적인 식욕 억제제인 삭센다로 치료하면 이러한 인지적 배부름이 증가했다. 이렇게 음식을 인지하면서 배부름을 서서히 느껴가는 기전이 식욕 억제제의 치료 기전 중 하나고, 또 일상적인 식사에서 과식을 막는 중요한 기전이다.

2023년 식품영양 저널 〈애피타이트Appetite〉에 '상상 먹기Imagine eating'라는 제목의 논문이 발표되었다. 이 연구에서 M&Ms 초콜릿 그림을 바라보며 30번 먹는 상상을 한 이후에는, 3번 먹는 상상을 한 이후에 비해 더 적은 양의 초콜릿을 먹고 싶다고 답했다. 먹는 상상만으로도 배부름이 유발될 수 있음을 수치로 보여준 것이다. 마치 자린고비 설화에서 굴비를 보는 것만으로도 먹은 것과 비슷한 효과를 볼 수 있다는 이야기와 유사하다.[4]

이렇게 우리 뇌는 음식을 삼키기 전부터 보고, 냄새 맡고, 맛보고, 촉각으로 느끼면서 어떤 음식이 얼마나 우리 몸에 들어오게 될지 인지하고, 계산하고, 이를 반영하여 배부름을 유발하기 시작하고 배고픔을 감소시키기 시작한다.

내가 무엇을 얼마나 먹고 있는지 충분히 풍성하게 다양한 감각으로 인지하는 것만으로도 더 풍성한 배부름을 느끼고 만족스럽게 식사를 마무리할 수 있다.

우리는 음식이 주는
쾌락적 감각에 중독되었다

음식중독은 담배나 마약과 같은 물질중독일까, 도박이나 인터넷 사용과 같은 행위중독일까? 음식중독이 어떤 중독인지에 관련해서는 많은 논쟁이 있었다. 결론적으로 행위중독적 성향에 더 가깝다는 것이 밝혀지고 있다. 담배나 마약은 코로 마시고 주사로 맞는 등 그 분자가 뇌로 오도록 만드는 것이 물질중독의 핵심적 모습이다.

그러나 아무도 설탕을 코로 마시거나 주사로 맞는 사람은 없다. 마카롱처럼 혀와 코에서 만끽이 될 때 그 독특한 쾌락적 감각경험이 도박이나 게임에서 느끼는 행위중독과 매우 유사한 양상이라는 것이 알려지면서 음식중독이라고 부르는 것보다 섭식중독이라고 부르는 것이 더 적합하다는 의견도 나오고 있다.

특정 음식에 중독된다고 하면, 그 음식의 특정 성분인 밀가루, 설탕 등의 물질이 혈액에 들어오고 뇌에 도달하는 것이 중요한 것이 아니다. 현미밥을 먹어도 혈액과 뇌에 포도당이 도달한다. 특정 음식에 단맛과 짠맛을 교묘하게 뒤섞어서, 롤러코스터를 타는 것처럼 단맛이 강렬하게 질주하다가, 갑자기 짠맛이 몰아쳐 정신을 번쩍 들게 하는 감각경험에 우리는 중독되고 탐닉하게 된다.

단순히 성분뿐만 아니라 물리적 촉감과 같은 감각경험도 중요하다. 겉이 딱딱하고 매우 건조하면서도 씹으면 '바스락' 소리를 내면서 부서지는 식감을 주고, 속에서는 부드럽고 달콤한 육즙이 나오면 복잡하고 예측 불가능한 감각경험 끝에 환희에 차서 눈을 크게 뜨고 미소가 저절로 나온다.

음식의 시각적 경험도 음식중독과 관련한 감각경험에 큰 기여를 한다. 화려한 색과 먹음직스러운 질감으로 만들어진 아이스크림과 케이크는 보기만 해도 침이 나오고 마음이 흐뭇해진다. 알싸한 냉면과 따끈한 마라탕이 주는 짜릿함은 입안에서 온도가 주는 감각경험의 중요성을 알려준다.

이렇게 종합적인 다양한 감각을 총동원하여 우리는 짜릿한 살아있음을 느낀다. 그리고 다시 또 이 감각경험을 갈망한다.

먹는 즐거움은 건강하다
그러나, 누군가 그 행복을 빼앗고 있다

모든 사람에게 행복을 주는 가장 근본적인 즐거움 중 하나는 맛있는 음식을 즐기는 즐거움이다. 우리는 생존을 위해서뿐만 아니라 먹는 즐거움을 위해서도 매일 음식이 필요하다. 매일 무엇을 먹을지, 무엇이 맛있을지 고민하고, 결정을 내리고, 그 경험을 즐기는 등 먹는 즐거움에 빠지는 것은 자연스럽고 건강하다.

그러나 현대사회는 이러한 즐거움으로부터 우리를 멀어지게 만들고 우리를 더 빨리, 더 많이 먹게 만든다. 음식을 다양한 감각들로 인지하고 음미하면서 충분히 집중하면서 먹지 못하게 한다. 바쁜 일상과 스트레스 속에서 또는 영화, 드라마, 뉴스, 스포츠 경기, 스마트폰, 신문을 보면서 음식을 충분히 음미하지 않고 무신경 식사를 하게 된다. 또한 과거 야생 사냥 채집 시절과 다르게 현대 식

식품산업과 자본주의 원리에서는 사람들을 더 빨리, 더 많이, 더 충동적으로 먹도록 해 이익을 극대화한다.

품 산업에서는 명시적 정보전달 코드들을(음식물 관련 문자로 된 표기들, 음식 사진들, 시각적 디자인, 브랜드, 인공색소, 인공향신료 등) 사용해서 음식을 음미하며 평가해볼 필요를 근원적으로 없도록 만들었다.

이러한 일상적인 의식의 이면에는 우리의 지갑을 열기 위한 수십 년간의 은밀한 노력이 숨어 있다. 수렵과 채집을 통해 생계를 유지하던 시대는 오래전에 끝났다. 이제 자본은 행동경제학과 심리학 연구를 바탕으로 우리의 일상적인 결정을 조작하여 수익을 극대화한다. 마약, 담배, 도박 등 탐욕스러운 자본이 인간의 취약성을 악용해 이윤을 추구하고 중독을 유발하는 사례는 무수히 많다.

다양한 중독 중에서도 음식중독은 사람들의 일상에 가장 많이 퍼져 있다. 영양분이 많을지, 독은 아닐지, 얼마나 먹는 것이 좋을지 평가하면서 적절히 먹다가 중단하는 것이 아니라, 식품산업에서 수년간 광고와 브랜딩을 통해 주입하는 메시지를 믿고 그냥 걱정하지 말고 빨리, 많이 먹으면 되는 것이다.

식품산업과 자본주의의 원리에서는, 천천히 음미하면서 적절한 양만 먹고 소비하는 것보다는 더 충동적으로 더 빨리 더 많이 소비하는 것이 이익극대화에 도움이 될 것이다. 또한 스포츠, 영화 등 다양한 문화산업과 야식, 배달업 등 식품산업들은 서로 상생하면서 광고 등 다양한 마케팅 방법으로 매출을 극대화하고 있다.

저녁을 잘 먹었기에 더 이상 에너지 공급이 필요 없는 경우에도, 광고와 마케팅으로 최면술처럼 유도되어 새로운 불필요한 가짜 음식 갈망이 만들어져 식품을 구매하고 섭취한다. 다음날 후회할 것을 알면서도 참을 수 없다. 여기에 술이 더해지면 악순환의 고리는 더욱 견고해진다.

음식을 음미하고 평가하고 적절한 양만 섭취하도록 절제하는 모든 뇌의 과정들이 둔감하게 마비된다. 자극적이거나 느끼한 음식은 술을 더 당기게 하고, 술은 다시 음식을 당기게 한다. 다양한 식품산업들은 이익의 극대화를 위해 서로 악순환의 고리를 만들고 천천히 음미하는 건강한 식습관을 마비시킨다.

마음챙김 식사가
필요하다

마음챙김mindfulness이 중요한 시대 키워드로 대두되고 있다. '매 순간 순간에 대한 알아차림'이라는 의미를 내포하는 마음챙김은, 지금 이 순간의 경험에 집중하여 평안함과 안정감에 이르도록 하는 심리적 과정이라 할 수 있다.

식사에도 마음챙김 식사mindfulness eating와 무신경 식사mindless eating가 있다. 마음챙김 식사는 자신이 지금 무엇을 먹고 있는지 시각과 후각, 미각, 촉각, 청각을 모두 사용해서 음식의 모양, 색, 크기를 최대한 음미하면서 먹는 식사다. 마음챙김 식사를 하는 경우 과식을 하지 않게 되고 더 만족도도 높다.

반면 영화나 스마트폰에 집중하면서 자신이 무엇을 얼마나 먹는지 신경 쓰지 않는 무신경 식사가 있다. 무신경 식사를 할 때는 과식을 하게 될 위험이 더 높고 식사에 대한 만족도도 낮아진다. 공포영화나 액션영화에 집중하면서 팝콘을 먹는 경험을 떠올려보면 공감할 것이다. 영화를 보면서 팝콘을 먹다 보면, 자신이 얼마나 많이 먹고 있는지 전혀 인식하지 못한다. 얼마나 먹는 것이 적절한지, 자신에게 적절한 1인분은 얼마만큼인지 전혀 신경 쓰지 못하고 정신없이 먹다가 영화가 끝난 이후에나 지나치게 부른 배를 알아채고 뒤늦은 후회를 하게 된다.

자신이 얼마나 많이 먹고 있는지를 눈으로 보면서 인식하는 과

먹는 과정에서 충분한 감각경험을 하면 뇌에 작용하여 배부름을 유발하고 식사량을 조절할 수 있다.

정을 통해 배부름이 유발되고, 이는 한 끼 식사를 중단하게 되는 데 크게 기여한다. 평소 먹던 밥그릇 크기를 줄이면 그 크기에 맞춰서 배부름을 느끼고 식사를 중단하게 된다. 밥그릇 크기를 줄이는 방법은 체중 조절이 필요한 환자나 혈당 조절이 필요한 당뇨병 환자에게 처방되고 있다.

우리는 위에 들어가는 음식 크기를 객관적이고 절대적으로 측정하여 배부름을 느끼는 것이 아니다. 자신이 얼마나 먹었는지 눈으로 보면서 한 그릇을 다 먹었다고 인지할 때 배부르다고 느낀다. 이에 관한 재미있는 실험이 있다.

수프를 먹는 양에 관한 실험이다. A수프 그릇 아래에는 안 보이는 구멍을 뚫어 수프가 몰래 주입되도록 했고, B수프 그릇은 아무런 장치 없는 보통의 수프 그릇이다. 실험참가자들이 A수프 그릇으로 수프를 먹을 때는 몰래 조금씩 수프를 더 넣거나 줄였다. 같은 참가자들이 B그릇으로 수프를 먹을 때는 수프를 얼마나 먹었는지 눈으로 볼 수 있게끔 했다. 실험 결과 실험참가자들이 배부르다고 느끼는 때는 같은 양의 수프가 배로 들어갔을 때가 아니라, 자신이 얼마나 먹었는지 눈으로 보면서 한 그릇을 다 먹었다고 인지할 때였다.

이 실험은 우리가 느끼는 배부름이 우리의 인지에 의해 좌우된다는 것을 알려준다. 마음챙김 식사를 하지 않고 얼마나 먹는지 인지하지 않으며 무신경 식사를 하면 인지적으로 배부름을 느끼지 못해 더 많이 먹게 된다.

**마음챙김
식사 방법**

마음챙김 식사를 위해서는 2가지 할 일이 있다. 첫째, 음식과 먹는 경험에 집중하기와 둘째, 집중을 방해하는 요소를 없애기다.

1. 먹는 경험에 집중하기

음식과 먹는 경험에 집중하기 위해서는 우선 충분한 시간을 확보해야 한다. 음식을 준비하는 과정부터, 각각 재료들을 충분히 보고, 냄새 맡고, 만져보며 마음속으로 먹기 시작한다. 튀김요리를 할 때 계속 튀김 냄새를 맡으면 배가 부르는 경험을 하는 것처럼, 요리하는 과정에서 충분히 음식에 집중하고 마음을 다한다.

입에 넣기 전에도 충분히 보고, 냄새 맡고, 다양한 감각으로 음식을 경험한다. 음식을 천천히 음미하면서 베어 문다. 천천히 씹으며 입에 느껴지는 다양한 미각, 촉각, 온도, 소리에 집중한다. 충분히 입안에서 종합적인 감각경험을 할 수 있도록 천천히 여러 번 씹으며 음미한다. 충분히 음미한 다음에 천천히 삼킨다. 이렇게 천천히 입에 넣고, 천천히 씹고, 천천히 음미하고 삼키는 방법만으로도 배부름을 더 빨리 풍성하게 유발할 수 있다.

나는 매년 세계섭식학회 the Society for the Study of Ingestive Behavior 에 참석하고 있다. 2024년 학회에서는 먹는 과정에서 감각경험이 어떻게 뇌에 작용하여 배부름을 유발하고, 식사량을 조절할 수 있는지 다양한 연구 결과들이 소개되었다. 먹는 과정 중에 경험하는 감각적 노출 oro-sensory exposure 이 감각적 배부름 sensory satiation 을 뇌에 유발하여 배부름을 만들고, 앞으로 얼마나 더 먹을지 양을 계획하는 planned amount 과정에도 작용하여 식사량을 줄일 수 있다는, 사람과 동물을 대상으로 한 많은 연구들이 발표되고 있다.

2. 집중을 방해하는 요소 없애기

둘째, 집중을 방해하는 요소를 없애면 큰 도움이 된다. 왼손에 스마트폰을 들고 집중해서 보면서 식사하는 경우가 많다. 또는 영화, 드라마, 유튜브 등 영상물이나 야구, 축구 등 스포츠 경기를 보면서 식사하는 경우도 많다. 특히 이는 혼자서 밥을 먹는 경우에 흔하다. 지금 어떤 영양소의 어떤 음식들을 얼마나 먹고 있는지에 집중하지 못하고 다른 교란요소distraction에 홀린 상태로 먹게 된다. 긴장감이 계속되는 영화를 보면 자기도 모르게 엄청난 양의 팝콘을 먹게 된다. 팝콘에만 집중해서 먹을 경우 먹게 되는 팝콘의 양과는 큰 차이가 있다.

글을 쓰거나 지적인 활동에 집중하고 있을 때도 자기도 모르는 사이에 많은 양의 간식을 먹게 된다. 따라서 음식을 먹을 때나 간식을 먹을 때 음식에 집중을 방해하는 활동을 하지 않는 것이 좋다.

우리도 모르는 사이에 빼앗기고 있는 먹는 행복을 되찾아야 한다. 우리를 무신경 식사와 정신줄을 놓고 먹는 식습관으로 유도하는 악순환의 고리에서 우리 스스로 벗어날 수 있다.

3부

우리는 더 좋은 선택을 할 수 있다

뇌는 시행착오를 통해서
더 좋은 선택을 하고 전략을 발전시킨다.
뇌와 몸을 이해하면
더 좋은 삶은 가능하다.

교묘하고 은밀한
가짜 쾌락에 속지 않는 법

최형진

고에너지 음식에 대한 쾌락과 욕망이
고도로 발전하고 다양하고 복잡한 감정들까지 더해져,
더욱 고에너지 음식을 탐닉하도록 진화한 결과물이
바로 현대를 살아가는 우리다.

쾌락과 욕망의 유혹을 이기고
어떻게 건강한 선택을 할 수 있을까?

금지는
갈망을 만든다

"집중했더니 단 거 당긴다. 마카롱 먹을까?"

혜진 씨는 집중할 때면 단 음식을 찾곤 했다. 처음 시작은 호기심이었다. 한창 유행하며 이런저런 종류의 마카롱이 출시되던 때, 주위에서 맛있다고들 하니 몇 개 사서 사무실 서랍에 넣어두고 하나씩 맛보던 것이 시작이었다.

진하면서도 부드러운 단맛이 향긋한 초코향과 함께 입안 가득 퍼지면 막막하던 생각이 뻥 뚫리는 기분이었다. 달아서 처음에는 1개만 먹었지만 어느 사이에 2개, 그다음에는 4개, 나중에는 10개도 먹었다. 처음에는 너무 달다고 느껴지더니 이제는 너무 달다는 생각이 들지 않는다.

먹고 나면 집중도 더 잘되고 스트레스도 풀리는 기분이 들었다. 점심식사를 하고 사무실로 돌아오는 길목에 있는 빵집에 습관처럼 들러 마카롱을 몇 개 사서 서랍에 넣어두고는 했다. 그렇게 몇 주쯤 지나니 눈에 띄게 뱃살이 늘었다. 가족들도 한마디씩 하는 정도가 되었다.

"나 이제 마카롱 안 먹어. 끊을 거야!"

다짐한 혜진 씨는 식사 후 습관처럼 들르던 빵집에도 며칠간 발길을 끊었다. 그렇게 며칠쯤 흐른 어느 날, 야근을 하느라 사무실에 남아 있던 날이었다. 그날따라 과장님은 혜진 씨에게만 짜증을 내는 것 같았다.

'이번 보고서에서 성과를 내지 못하면 과장님한테 싫은 소리를 듣겠지. 경고 정도로 끝나지 않고 프로젝트에서 빠지는 게 좋겠다고 할지도 몰라.'

컴퓨터 화면 속 텅 빈 보고서를 보고 있자니 스트레스가 밀려들었다. 이럴 때 단 것 하나 입에 넣으면 머리가 돌아갈 것 같다. 생각해보니 일주일 동안 마카롱을 못 먹었다. 서랍 속에는 간식거리로 사둔 마카롱 20개가 있다.

'딱 1개만 먹자.'

단 음식이 입에 들어오니 집중도 되고 텅 빈 보고서가 조금씩 채워져갔다. 보고서를 다 쓰고 보니 마카롱 20개를 다 먹었다.

보고서를 다 마쳤다는 기쁜 마음도 잠시, 다음 날 체중계 위에 올라서니 하루 사이에 1kg이 늘었다.

'내가 미쳤지! 또 먹으면 난 인간도 아냐.'

다시는 안 먹겠다고 다짐하지만 혜진 씨의 다짐은 야근 앞에서 무너져 내린다. 회의로 오전, 오후 시간을 모두 보내고 저녁에 업무를 보고 있자니 어느덧 저녁 10시다. 화면 속 텅 빈 보고서를 바라보며 외친다.

"왜 이렇게 안 풀리냐! 에라, 모르겠다. 치킨 시켜!"

'나는 갈망한다. 금지된 것을'이라는 표현이 있다. 금지는 갈망을 증폭시킨다. 중독의 사이클 회로가 반복되면서 중독은 점점 더 강하게 형성된다. 이에 대한 흥미로운 연구 결과가 있다.

쥐들에게 쾌락적인 고지방 음식을 언제나 자유롭게 먹을 수 있도록 제공하는 경우와, 일주일 중 대부분의 시간에는 고지방 음식이 금지되고 짧은 시간에만 제공하는 경우 중 어떤 때 중독과 갈망이 더 높아지는가에 대한 연구다. 특정 음식에 대한 갈망의 크기를 측정하는 방법이다.

쥐가 스위치를 여러 번 누르면 보상을 하나 얻도록 장치를 해둔다. 이 방법을 사용하여 보상을 얻기 위한 노력의 크기를 측정한다. 이를 통해 동물의 마음속에 있는 갈망의 크기를 측정할 수 있다. 갈망의 크기는 그 음식을 얻기 위해 투자하는 노력의 크기에 비례한다.

연구 결과는 매우 흥미롭다. 무한대로 쾌락적 고지방 음식이 제공되어 점점 더 긴 시간 자유롭게 고지방 음식을 먹었을 때에는 쾌락적 고지방 음식에 대한 갈망의 크기가 감소하였다.

반대로, 대부분의 시간 동안 음식이 제공되지 않아 쾌락적 음식을 갈망하면서 보내다가 짧은 시간에만 쾌락적인 고지방 음식을 먹고, 또다시 대부분의 시간 동안 음식 제공 없이 쾌락적 고지방 음식을 갈망하면서 보낸 경우에는, 쾌락적 고지방 음식에 대한 갈망의 크기가 커졌다. 쾌락적 고지방 음식에 대한 보상을 얻기 위해 더 많이 스위치를 반복해서 누르는 모습을 보였다.

금지와 절제는 갈망을 더 크게 만든다. 현대사회에 만연해 있는 쾌락적 음식과 뚱뚱한 몸매에 대한 비난과 자책은 갈망을 부추겨 오히려 해롭게 작용한다. 비난과 자책은 금지와 절제를 만들고, 이러한 금지와 절제 안에서 갈망은 점점 더 커진다. 절제와 폭주의 반복 속에서 이성과 본능은 점점 더 뒤틀어지고, 이성적으로 억누를수록 은밀하게 숨어 있는 무의식 세계에서 갈망은 더욱 증폭된다.

쾌락에는 '선천적인 쾌락'과 '후천적인 쾌락'이 있다

쾌락에는 선천적인 쾌락과 후천적인 쾌락이 있다. 선천적인 쾌락은 항상성이 회복되었을 때 부여받는 쾌락이다. 몸에 에너지가 부족한 상황에서 에너지가 섭취되었다거나, 아주 추운 데서 벌벌 떨다가 따뜻해진다거나, 목이 너무 마른 상황에서 물을 마셨다면 고통스러운 몸이 항상성 회복으로 인하여 해소감을 얻는다. 이때

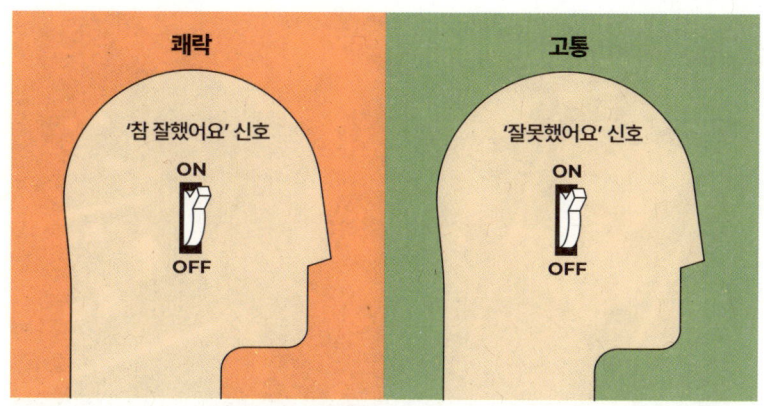

뇌에서 '참 잘했어요' 시동이 켜지면 쾌락으로 여기고 '잘못했어요' 시동이 켜지면 고통으로 여긴다.

느끼는 쾌락은 태어날 때부터 모든 동물에게 내재된 쾌락으로 원초적 쾌락이다.

몸이 해소감을 느끼면 우리 뇌에서는 '참 잘했어요' 도장이 쾅 하고 찍힌다. 쾌락 시동이 켜지는 것이다. 이 쾌락 시동은 우리가 무엇을 계속해야 하는지를 알려주는 시동장치와도 같다.

우리 뇌에는 '참 잘했어요' '잘못했어요'라고 알려주는 시동장치가 있다. 뇌에서 '참 잘했어요' 시동이 켜지면 쾌락으로 여기고 '잘못했어요' 시동이 켜지면 고통으로 여긴다. 우리에게 나아갈 바를 알려주는 뇌 속 나침반과도 같다.

반면에 학습된 쾌락이 있다. 선천적으로 부여된 쾌락은 아니지만 후천적으로 학습된 쾌락이다. 종소리만 들려주어도 음식을 연상하며 침을 흘리는 파블로프의 개처럼 아무 의미 없던 종소리가

파친코 기계소리를 듣고 모양을 보면서 돈을 따는 경험을 반복적으로 학습하고 나면 파친코 소리와 돌아가는 과일모양에 큰 쾌락을 느낄 수 있다.

후천적 학습으로 인해 쾌락의 상징이 되어버린다.

파친코에 중독된 도박 중독자는 카지노에서 파친코가 돌아가는 '띵띵띵' 소리만으로 쾌락을 느낀다. 파친코를 처음 해보는 사람은 이 소리의 의미를 모른다. 그 사람은 파친코 기계소리에서 아무런 쾌락을 느끼지 못한다. 반복해 돌아가는 과일 모양이 그 사람에는 의미가 없다. 그러나 이 소리를 듣고 모양을 보면서 돈을 따는 경험을 반복적으로 학습하고 나면 파친코 소리와 빙글빙글 돌아가는 과일 모양에 엄청나게 큰 쾌락을 느낄 수도 있다.

쾌락이 결과가 발생한 후에 얻는 가르침이라면, 갈망은 결과가 발생하기 전에 결과를 얻어내려고 이끄는 힘이다.

갈망에도 선천적인 갈망과 후천적인 갈망이 있다. 선천적인 갈망은 태어날 때부터 탑재돼 있는 열망이다. 우리에게는 선천적으로 특정 행동을 유발하는 열망이 있다. 모유 향이 나면 젖을 빠는 행동이나 추위나 더위를 피하고자 하는 것은 학습하지 않아도 추구한다. 이런 갈망이 없으면 학습이 되기도 전에 죽을 수도 있다.

반면에 후천적 갈망이 있다. 후천적으로 학습된 갈망은 특정한 맥락이나 특정한 사물에 대해서 특정 행동을 유발하는 열망이다. 어린아이들 대부분은 청국장을 좋아하지 않는다. 그러나 냄새를 피하고 먹기 주저하던 아이도 몇 번 맛보며 좋은 경험을 하고 나면, 청국장 향을 맡거나 청국장 가게 간판을 보거나 청국장을 먹는 행동을 보면 열망이 생기게 된다. 특정 맥락에서 특정 행동을 했더니 쾌락이 크게 유발되어 정신이 번쩍 드는 좋은 경험을 하면 점점 열망이 강해진다.

하지 말라고 금지하면
더 원하는 인간의 심리

금지와 갈망의 관계는 음식중독을 만든다. 이에 관해 잘 알 수 있는 상황이 있다. 바로 다이어트다.

다이어트로 스트레스를 받는 사람들이 많다. 이미숙 씨도 그중 한 사람이다. 이미숙 씨는 수년 전부터 살찌는 문제로 다양한 치료를 받아왔으며, 결국에는 위 절제 수술까지 받았다. 위 수술까지 했는데 다시 살이 찌고 있는 자신의 모습을 너무나 끔찍하게 생각했다. 살을 뺄 수만 있다면 무엇이라도 하겠다고 했다. 이미숙 씨는 원인을 찾고 해결 방법을 간절히 구하기 위해 나를 찾아왔다.

이미숙   최선을 다하고 있어요. 밥을 먹을 때마다 적게 먹으려고 매번 긴장하며 먹습니다. 운동도 꾸준히 매일 하고 있어요. 그런데도 왜 살이 찌는지 도저히 모르겠어요.

최형진   수술까지 하시고, 식사도 가려 하시고, 운동도 하고 계시네요. 정말 노력을 많이 하시는군요.

이미숙   왜 계속 살이 찌는지 이해할 수 없어요. 억울해요!

최형진   오늘 드신 것을 이야기해볼까요?

이미숙   아침에 밥 반 공기와 채소를 많이 먹었어요. 단백질을 챙기려고 두부무침을 먹었고요.

최형진   잘 챙겨 드셨군요. 그 이후에 지금까지 드신 것이 없나요?

이미숙   네, 없어요.

최형진   아침식사 이후에 드신 것이 하나도 없나요?

이미숙   아, 그… 교수님 만나기 직전에 긴장이 되어서 간식 조금 먹은 것 외에는….

최형진   그럴 수 있죠. 그런데, 간식으로 무엇을 드셨나요?

이미숙   …초콜릿이요…. 제가 항상 초콜릿을 가지고 다녀요. 꼭 먹고 싶을 때가 있거든요. 이렇게 긴장될 때는 특히 없으면 너무 힘들어요. 안 먹으려고 노력해봤는데 어렵더라고요. 하지만 많이 먹지는 않아요. 정말 꼭 못 참을 때만 먹어요. 알아요, 안 먹어야겠죠. 저도 초콜릿을 끊고 싶고 적당히 먹고 싶어요. 마약에 중독되면 이런 기분일까요? 제발 해결해주세요.

조건 없이 쾌락을 제공하는 때보다는 특정 조건으로 쾌락을 많이 제공할 때 쾌락이 높아진다. 다이어트하는 사람에게 언제나 음식을 먹을 수 있도록 하면 그다지 열심히 음식을 먹으려 하지 않는다.

그러나 음식을 제한하면 음식을 더 찾는다. 매일 특정한 시간에 딱 30분 동안 먹을 수 있도록 하거나 아니면 특정 신호가 나올 때만 먹을 수 있도록 하면 제한된 시기에만 누릴 수 있는 쾌락에 대해서 아주 높은 갈망이 발생하는 걸 볼 수 있다. 자유로운 선택지가 있으면 선택하지 않던 것도, 선택을 제한하면 더 원하는 것이다. 단맛이 강한 고지방 음식은 여러 동물들에게 보편적으로 선호도를 만드는 쾌락적 효과가 있다.

이는 음식중독에만 해당하지 않는다. 도박중독, 알코올중독, 게임중독 등 여러 중독도 마찬가지다. 특정한 시기에 특별하게 쾌락을 허용하면 허락된 때에만 할 수 있기 때문에 그 행동에 대한 중독이 높아진다.

어떤 사람들은 게임중독에 대한 해결책으로 게임을 질리도록 하게 만드는 방법을 제시한다. 만약 계속해서 게임을 하도록 하면 몰래 게임을 했을 때 느끼는 강력한 쾌락을 더 이상 느끼지 못하고, 게임을 지루하고 뻔하게 느낀다는 것이다. 그러면 게임을 질려 하며 안 하게 될 수 있다고 해서 게임중독의 해결책으로 게임을 많이 하도록 하는 방법을 제안하는 신경과학자들도 있다.

어느 정도 나도 동의한다. 그러나 게임산업을 보자. 게임을 만드는 회사는 게임을 계속해도 지루하지 않도록 게임을 개발한다. 사용자가 '지겹다''이제 하기 싫다'는 마음이 들지 않도록 노력한다. 질려서 더 이상 게임을 하지 않는 상황을 만들지 않기 위해 다양한 방식으로 개발한다.

파친코에 중독된 사람도 마찬가지다. 파친코에 중독된 사람은 '뽕뽕뽕' 파친코 기계소리를 들으며 쉼 없이 돌아가는 숫자와 그림을 바라보면서 반복적으로 버튼을 누른다.

"이번에도 아니네."

"이번에도 아니네."

연거푸 눌러도 맞지 않는다.

"맞다!"

그러다 가끔 한 번씩 맞는다. 연거푸 성공하지 못하다가 겨우 한 번씩 맞으면 그때 짜릿한 보상이 주어진다. 뇌에서 훨씬 더 강력하게 갈망이 생긴다. 쉬운 확률로 당첨되어서는 그다지 중독에 빠지지 않는다.

제한되거나 금지되거나 특정한 조건에서 갈망이 더 높아진다. 인간이 그러한 경험을 더 하고 싶도록 만든다. 더 이상 그 행동을

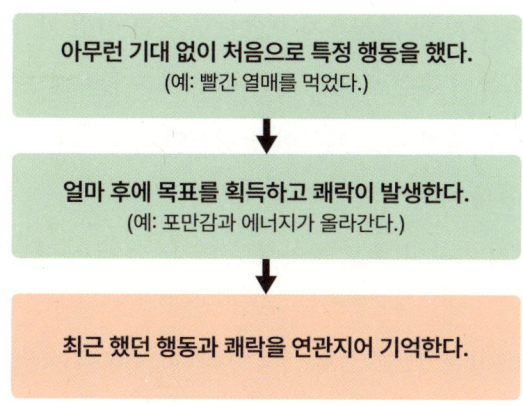

갈망과 쾌락의 발생 사이클

할 수 없어 갈망이 고도화되었을 때 금지되었던 행동을 하게 하는 것이다.

반복되면서 갈망은 더 커지고 행동은 고착화된다

음식에 대한 정보가 거의 없는 원시시대에 한 인간이 들판에서 처음 보는 빨간 열매를 발견했다. 신기한 마음에 잎이 큰 초록 나무를 기어 올라가 빨간 열매를 입에 살짝 넣어본다. 처음에는 아무런 기대 없이 특정한 행동을 한다.

위험할 수도 있으니까 입에 많이는 넣지 않고 살짝만 맛본다. 먹고 나서 괜찮은지 안 괜찮은지 모르므로 조금 먹고 기다려본다. 기다려봤더니 몸이 훈훈해지고 에너지가 올라가는 게 느껴진다. 기분이 좋아지고 힘이 나고 쾌락이 발생한다. 조금 전에 했던 행동들에 대해서 연관 지어 기억을 한다.

"왜 이렇게 기분이 좋고 몸이 훈훈하지? 왜 몸에 에너지가 올라간 것 같지?"

15분쯤 전에 잎이 큰 초록 나무 위에 있는 빨간 열매를 따서 먹었다는 것을 떠올린다.

"아까 빨간 열매를 먹은 것이 내가 지금 기분이 좋아지고 몸이 훈훈한 것과 관련이 있을까?"

생각하게 되고 머릿속에서 '참 잘했어요' 도장이 찍힌다. 이는 결과에 대한 훈련이다. '잎이 큰 초록 나무에 달린 빨간색 열매를 한 번 먹어봤는데 좋았더라'는 경험을 하게 된 것이다.

만약 당신이 어떤 모임에 가거나 누군가의 집에 초대되어서 갔을 때를 떠올려보자. 그때를 떠올리면 왠지 좋은 기억이 많다면 그 집에 또 가고 싶어지고 그 사람을 또 만나고 싶어진다. 나무에 열린 빨간 열매를 먹는 경험도 마찬가지다. '좋았더라'는 경험을 한 번 머릿속에 저장하게 되면 또 하고 싶고 먹고 싶어진다.

이 경험을 10번쯤 하고 나면 잎이 큰 초록 나무가 보이면 나무를 기어 올라가서 빨간 열매를 따 먹고 싶은 갈망이 생긴다. 이전에 했던 쾌락의 기억이 갈망을 만드는 것이다. 이 행동이 반복적이고 안정적으로 훈련이 됐다면 이 갈망 때문에 잎이 큰 초록 나무가 보이면

거기에 열린 빨간 열매라는 목표를 향해 달려가게 된다. 열심히 뛰어가서 나무에 올라가고 빨간 열매를 다시 한 번 입에 넣기를 염원하게 된다. 그렇게 획득한 열매의 경험이 좋았다면 쾌락은 또 생긴다.

11번째가 되었을 때, 혹시 이번에는 열매를 먹고 배탈이 나거나 아주 쓴 열매일까 봐 걱정했는데 11번째 경험에도 또 쾌락이라면, 이 쾌락은 다음 행동의 갈망을 만든다.

습관은 그렇게 만들어진다. 이는 나무에 올라가 빨간 열매를 따 먹던 원시시대에만 국한되지 않는다. 현대사회에서도 이와 같은 방식으로 추구하게 된다. 반복을 통해 습관화되는 것이다.

점심시간에 우연히 들어간 어느 음식점에서 어떤 음식을 주문해서 먹었더니 맛도 좋고 기분도 좋고 소화도 잘되며 하루 종일 힘도 났다면 그 음식점에 또 가고 싶어진다. 경험의 반복이다. 다음 번 경험도 좋았다면 점심 때마다 그 음식점에 가는 습관이 생길 수도 있다. 고착화될 수도 있는 것이다.

진화 선택과정을 통해 점점 더 강화된
쾌락 추구 및 고통 회피

우리는 이러한 선택과정에서 살아남아 번식에 성공한 개체의 후손이다. 살아남아 번식에 성공한 우리의 선조들은 에너지, 안전, 번식 경쟁을 더 잘 수행한 개체였다. 그 결과 오늘날의 우리가 존재한다.

진화 과정에는 새롭게 생기는 다양한 돌연변이들이 있었다. 그 가운데 에너지, 안전, 번식 경쟁에서 더 유리한 행동을 더 빠르고 정확하게 하는 돌연변이 개체들만 계속 선택되고 선택되어 유리한 돌연변이들이 누적되어왔다.

만일 생존과 번식에 유리한 파랑 동굴과 생존과 번식에 불리한 빨강 동굴이 있다고 해보자. 동물들이 어떻게 파랑 동굴을 추구하고, 빨강 동굴을 회피할 수 있을까? 강화학습의 관점에서, 유리했던 행동은 다음에 더 해야 하고, 불리했던 행동은 다음에 덜 해야 한다. "다음에 더 하라"는 신호 시동장치가 쾌락이고, "다음에 덜 하라"는 신호 시동장치가 고통이다.

설탕 그 자체가 본래 쾌락적인 것이 아니라, 설탕을 고통으로 느끼는 돌연변이는 살아남지 못했고, 설탕을 쾌락으로 느끼는 돌연변이는 살아남았다. 반대로 돌가루를 쾌락으로 느끼는 돌연변이는 살아남지 못했고, 돌가루를 고통으로 느끼는 돌연변이는 살아남았다. 이렇게 생존과 번식에 유리한 것을 쾌락으로 느끼는 돌연변이들이 점점 더 선택되어 누적되어왔다.

또한, 현재 쾌락과 고통이 없는 상태에도 쾌락을 욕망하고 고통을 두려워하는 심리 기능이 있어야 더 효과적으로 진화에 유리한 행동을 더 많이 할 수 있게 된다. 생존과 번식에 유리한 방향으로 욕망과 두려움이 발전하도록 돌연변이가 누적된 것이다.

유익한 고에너지 음식을 먹는 쾌락과 욕망이 고도로 발전하고,

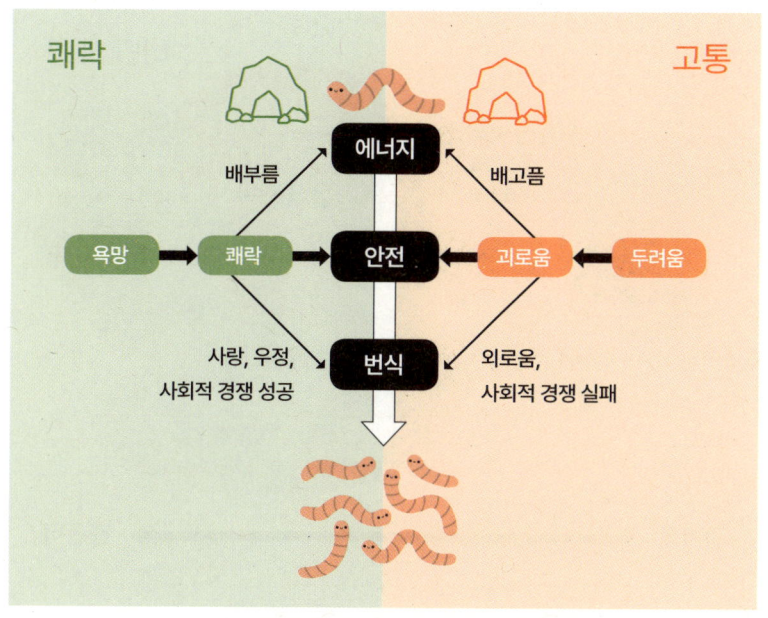

진화 선택과정을 통해 강화된 쾌락 추구 및 고통 회피 기전

더 나아가 중독과 불안증 등 다양하고 복잡한 감정들까지 발전하여 더욱 고에너지 음식을 탐닉하도록 진화한 결과물이 바로 현대를 살아가는 우리다.

다양한 정신질환이 음식중독을 중심으로 여러 심리적 요소와 연관되어 있다. 연속된 스펙트럼에서 비만과 저체중이 양쪽 극단에 존재한다는 관점도 거식증신경성식욕부진증, anorexia nervosa, 신경성 폭식증bulimia nervosa, 폭식장애binge-eating disorder, 음식중독과 긴밀하게 연결되어 있다. 추가로 섭식장애와 연관하여 더 다양한 형태의 유형들이 보고되고 있다. 야식 증후군nocturnal eating disorder, 자신

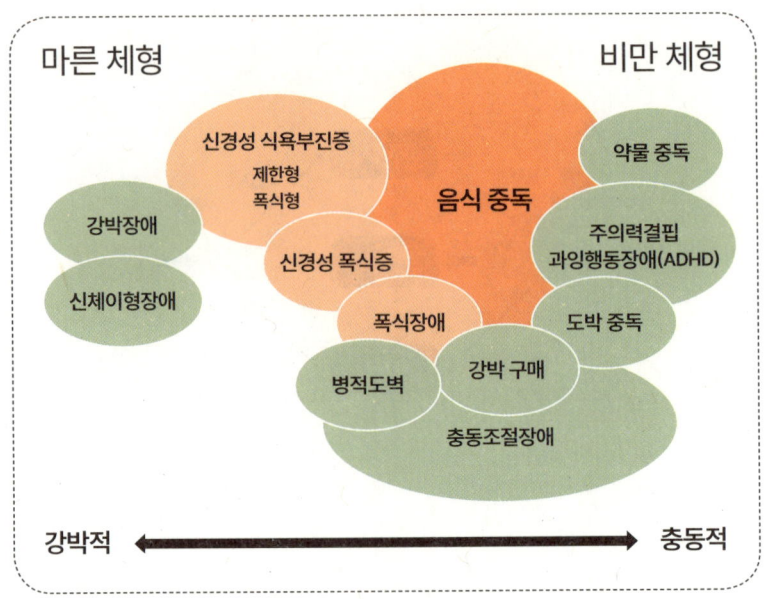

다양한 정신질환이 음식중독을 중심으로 여러 심리적 요소와 연관되어 있다.

의 근육이 부족하다고 생각하는 근육이형증muscle dysmorphia, 지나치게 건강식에 집착하는 건강식품욕증상orthorexia, 어린 시절 지나치게 특정 음식 종류를 거부하는 회피적/제한적 음식섭취 장애ARFID, avoidant/restrictive food intake disorder, 조금씩 반복적으로 계획 없이 긴 시간 동안 먹는 현상grazing 등이 비만 및 음식과 관련된 심리와 행동 양상이다.

음식을 절제하지 말라니, 어떻게 해야 할까?

인간은 금지된 것을 갈망한다. 음식도 마찬가지다. 스스로 금지하건, 남에 의해 금지당하건 금지되는 그 즉시 갈망이 스물스물 올라온다. 스트레스와 감정의 소용돌이 속에서 숨어 있던 갈망은 폭발하고, 절제하지 못하게 만들고, 과식과 폭식을 하게 한다. 그리고 후회하며 죄의식을 느낀다. 자책을 하면서 스스로 금지하고 가까운 사람들에게 금지당한다. 빠져나올 수 없는 악순환의 고리가 반복되는 것이다.

내가 참석하는 세계섭식학회에서도 부모가 자녀에게 음식에 대해 절제를 강요하고 금지하는 행동이 오히려 장기적으로 더 강박적이고 해로운 식습관을 만든다는 여러 연구 결과가 발표되었다. 의사가 환자의 식습관을 제한하기 위해 뚱뚱한 체형에 대한 비난을 도구로 삼는 것도 해롭다.

체형에 대한 왜곡된 집착으로 인해 과도한 미용 목적의 다이어트를 반복하면서, 식사량을 줄이기 위해 강박적으로 노력하는 절제적 식습관이 심한 사람일수록 더욱 폭식과 섭식장애의 위험이 높아진다. 대표적인 식습관 분석 설문지인 네덜란드 식습관 설문지 Dutch Eating Behavior Questionnaire에서도 3가지 중요 축으로 감정적 섭식, 외부적 섭식과 함께 제한적 섭식을 제시하고 있다.

음식을 절제하지 말라니, 그렇다면 어떻게 해야 할까? 우선은 부모, 가족, 친구가 민감한 체형 자존심을 건드리면서 음식을 먹지 말라고 자극적인 언행과 행동으로 공격하고 금지하는 일은 장기적으로 매우 해롭다.

"(손가락질 하면서) 너, 여기 배 나온 것 좀 봐라. 이래서 시집이나 가겠니? 넌 그러고도 빵이 입에 넘어가니? 너가 인간이니?"

당장은 보기에 답답하고 안타까운 마음으로 한 이야기일 수 있으나 이런 방식으로는 금지와 제한적 섭식 속에서 뒤엉킨 갈망과 복잡하게 꼬인 마음만 커질 뿐이다.

스스로에게도 마찬가지다. 지나치게 안 먹으려고 노력한 나머지 너무 배고픈 상태에 놓여 갈망이 가득한 것은 매우 좋지 않다. 자기 자신의 외모에 과도하게 집착하고, 그와 연관하여 과도하게 음식을 금지하면 오히려 점점 더 생각과 마음을 복잡하게 만든다.

스스로를 사랑해야 한다.

"나는 나의 이 모습 그대로 아름답고 사랑받을 자격이 충분하다."

자기를 아끼는 마음을 되뇌어야 한다. 음식을 얼마나 더 먹고, 덜 먹고에 따라서 당장이라도 큰일이 날 것처럼 생각하면 음식에 집착하는 마음이 더 생기기 쉽다. 자기 자신에게 친절하고 너그러워져라. 괜찮다.

그렇다고 무절제로 폭주하면서 배가 지나치게 차오를 때까지 과식을 하라는 이야기가 아니다. 너무 집착하지 않으면서 어느 정도 먹고, 적당히 먹었다면 가벼운 마음으로 그만 먹어야 한다.

충분한 배부름을 장시간 유지할 수 있는 단백질과 섬유질이 풍부한 음식을 미리 계획하고 준비해서 먹자. 몸을 너무 배고프게 하지 않는 것이 중요하다.

    충분히 먹어라. 그래야, 해로운 절제를 하지 않게 된다.

피할 수 없는 경쟁사회, 당신의 사냥전략은 무엇입니까?

김대수

인간의 뇌는 사회적 협력과 사회적 공격성 사이에서 늘 고민한다.
경쟁적인 사회구도에서 이익을 얻으려면
자기만의 전략을 잘 구축해야 한다.

인생 전략을 설계할 때,
어떻게 본능을 활용할 수 있을까?

피할 수 없는 경쟁사회, 당신의 사냥전략은 무엇입니까?

뇌는 어떻게
먹잇감을 찾는가?

뇌가 사냥모드에 있을 때, 가장 먼저 하는 일은 타깃을 정하는 일이다. 대상이 사물인지 생명체인지를 구별하고 생명체 중에서도 먹잇감과 포식자를 구별한다. 문제는 먹잇감과 포식자를 경험해보고 결정할 수 없다는 데 있다. 포식자인지는 잡아먹혀 봐야 알기 때문이다.

사후死後에 진실을 알게 된들 무슨 소용이 있을까? 그러나 너무 걱정하지 않아도 괜찮다. 뇌는 선천적으로 먹잇감과 포식자를 구별하는 노하우를 갖고 있기 때문이다.

갯벌의 제왕인 게는 손가락 같은 두 눈을 바짝 세우고 있는데 눈의 높이보다 높은 위치에서 오는 시각신호는 위험신호로 감지하여

게는 눈 높이보다 높은 위치에서 오는 시각신호를 위험신호로 인식하고 낮은 위치의 시각신호에는 접근한다. 반면 고양이와 같은 포식자는 늘 위쪽에서 다가간다.

도망행동을 하고 눈보다 낮은 위치의 시각신호에는 접근한다. 갈매기가 날아오면 도망가고 지렁이가 꿈틀거리면 다가가 잡아먹는다.

흥미롭게도 이러한 망막투사 원리는 포유류를 포함한 다양한 동물에서 관찰된다. 설치류의 경우 매나 고양이와 같은 포식자는 늘 위쪽에서 다가간다. 아래쪽 망막은 위에서 오는 시각신호를, 위쪽 망막은 아래쪽에서 오는 시각신호를 담당하는데 아래쪽 망막에서 오는 시각신호는 피식자의 뇌로 연결되고, 위쪽 망막에서 오는 시각신호는 포식자의 뇌로 연결된다. 중뇌 superior colliculus 신경은 아래쪽 망막시신경으로부터 신호를 받으면 숨거나 도망하는 행동을 유발하고 위쪽 망막시신경으로부터 신호를 받으면 사냥하는 반응을 유도한다.

인간은 어떨까? 사극을 보면 임금은 높은 곳에서 내려다보면서 신하들을 위쪽 망막에 투영하고, 신하들은 머리를 숙여 왕이 아래쪽 망막에 투영되도록 한다. 얼마나 뇌과학적인가? 왕의 뇌는 포식자로 작동하고 신하의 뇌는 피식자로 작동하는 것이다. 조폭 영화에서 많이 나오는 대사 "눈 깔아"를 뇌과학적으로 해석해보면 '나를 너의 아래쪽 망막에 투영하여 너의 피식자의 뇌를 활성화하라'는 명령이다. 그러나 상대가 주인공의 머리를 누르며 눈을 깔라고 해도 우리의 주인공은 눈을 위로 굴려 치켜본다. '너를 나의 위쪽 망막에 투영하여 잡아먹겠다'는 의지의 신호다.

눈의 움직임으로 피식자와 포식자로 나뉜다니 주의하고 치켜떠야겠다고 다짐하지 않아도 괜찮다. 인간의 눈은 상하좌우로 잘 움직이도록 되어 있다. 다른 동물에 비해 상당히 큰 각도로 움직인다. 덕분에 세상을 본능적으로 보는 것이 아니라 이성적이고 객관적으로 보는 데 중요한 기능을 담당하고 있으므로 지나치게 유의하지 않아도 괜찮다.

포식자들의 탐색전략에 맞서는 피식자들의 전략은 움직이지 않는 것이다. 뇌의 시각은 움직이는 것을 먹잇감으로 인식하도록 설계되어 있으므로 먹잇감이 움직이지 않으면 배경과 구별하지 못한다. 따라서 곤충, 조류, 어류, 설치류에 이르기까지 다양한 동물들이 위험 상황에서 발견되지 않기 위해 죽은 척을 하고 움직이지 않는다. 설사 발견되더라도 이는 포식행동을 유도하지 않는 효과가 있다. 곰을 만나면 바로 도망 가면 안 된다고 하는 이유도 바로 이 때문이다. 포식자의 뇌에는 '나를 보고 도망가는 것은 먹잇감'이라고 장착되어 있는데 이를 해킹하는 전략인 셈이다.

인간사회에서 복지부동의 전략을 사용하려면 주의할 점이 있다. 예를 들어 회사에 사건이 일어났을 때 관련된 사람들이 복지부동한답시고 갑자기 휴가를 내거나 출근을 하고도 아무 일도 안 하면 복지부동이 아니다. 이러한 행동은 오히려 사건에 반응하여 주목을 받게 한다.

복지부동의 진정한 원리는 배경과 타깃을 구분하지 못하게 하는 데 있다. 보통 때와 같이 전혀 동요하지 않고 자신의 일을 평소 페이스대로 하는 것, 즉, 사건에 반응하지 않는 것이 진정한 복지부동이다. 우리를 노리는 사회적 포식자들은 사건이나 위기 속에서

흔들리는 나의 모습을 즐기며 사냥 행동을 개시할 것이다.

먹잇감의 복지부동전략에 맞서 포식자들은 코를 킁킁대며 면밀한 탐색을 한다. 아무리 복지부동을 해도 충분히 가까운 거리에서는 냄새가 날 것이고 시각적으로도 보다 쉽게 배경과 구분할 수 있다. 산책을 나가면 개가 여기저기 냄새를 맡고 영역을 표시하는 것도 탐색행동의 일종이다. 탐색행동에는 에너지가 많이 들지만 먹잇감을 찾기 위해서는 어쩔 수가 없다.

레오나르도 다빈치의
추격문제

탐색에 이어 뇌가 사냥모드에 있을 때 두 번째 단계는 추격이다. 탐색의 결과 발견된 피식자는 대부분 도망을 간다. 먹잇감을 쫓는다는 것은 타깃의 궤적, 달리는 속도, 각도, 회전관성과 운동에너지를 실시간으로 계산해야 하는 고차원 방정식이다. 이것을 추격문제the chase problem라 한다. 일견 복잡해 보이지만 동물들이 생존하는 것은 조상들이 추격문제를 잘 풀어낸 덕분이다.

도망과 추적을 할 때 보통 몸집이 작은 피식자가 에너지 효율 측면에서 유리하기 때문에 사냥시간이 길어질수록 포식자가 손해다. 따라서 포식자는 먹잇감을 먼저 발견하고 살금살금 다가가 사냥개시 전 거리를 최대한 좁히는 것이 성공의 관건이다.

추격문제에 대해 처음으로 체계적인 고민을 한 과학자는 레오나르도 다빈치Leonardo di ser Piero da Vinci다. 그는 고양이가 쥐를 사냥하는 장면을 보면서 고민했다고 한다. 그러나 답을 내어놓지는 못했다. 그 후, 1732년 프랑스 수학자이자 수문학자인 피엘 부어Pierr Bouguer는 추격문제에 대한 한 편의 논문을 낸다. 해적선이 상선을 타깃으로 따라갈 때 최적의 궤적에 관한 것이다. 그는 간단한 원리를 제안했는데 해적선은 상선을 향해 방향만 맞추면 되고 상선을 잡는 것은 오직 속도 문제라고 했다. 피엘 부어의 이론은 유도미사일의 원리로 발전했다. 미사일이 타깃을 따라 방향을 전환하되 속도는 타깃보다 빠르기 때문에 이론상 타깃은 미사일을 피할 수 없다. 이것을 전통적인 추격전략classical pursuit strategy이라고 한다.

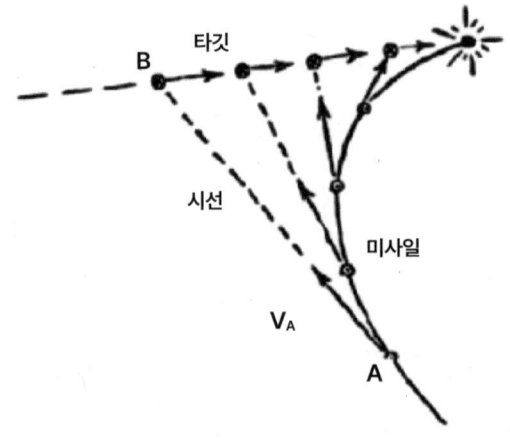

전통적인 추격원리. 포식자나 미사일은 타깃에 접근하되 타깃의 이동에 따라 방향만 바꾸면 된다.

피엘 부어가 제안한 추격전략은 치타나 독수리 등 다양한 포식자들이 이미 오래전부터 사용하고 있었다. 고양이과 포식자들은 몸은 이리저리 뛰어다니지만 머리는 많이 움직이지 않고 도망치는 타깃의 방향에 고정되어 있다. 눈의 망막은 이차원 평면에서 타깃의 좌표(x, y)를 자동으로 설정하는데, 망막의 시신경이 위치에 따라 목 근육을 자동으로 조절해주기 때문에 가능한 일이다. 즉, 첨단 유도 미사일의 기능이 목에 탑재되어 있는 셈이다.

추격문제를 담당하는 뇌 부위는 시신경과 연결된 위둔덕superior colliculus이다. 생각하고 따라가는 것이 아니라 자동으로 머리와 몸이 먹잇감 방향으로 향한다. 덕분에 포식자는 먹잇감을 쫓아가다가 타깃이 진행 방향에서 비켜나면 살짝 머리만 돌려 방향을 조정할 수 있다.

추격문제는 사냥감에만 해당하지 않는다. 길거리를 가다가 멋진 이성이 나타나면 저절로 눈동자와 고개가 돌아가는 때가 있다. 이는 자동화된 반응으로써 배우자가 이성추적행동을 하더라도 이해해주어야 한다. 다만 애인이나 배우자가 고개를 한 번만 돌리는 것이 아니라 이후에도 자주 그쪽을 향한다면 그것은 주의를 주어야 마땅하다.

현재 호모사피엔스는 스마트폰에 열광하고 있다. 길을 가거나 지하철 안에서 많은 사람들의 머리와 눈동자가 스마트폰에 집중하고 있다. 이것 역시 정보사냥을 위한 추격행동이다. 인터넷 콘텐츠를 통해서 사냥감을 물색하고 집중하는 것이야말로 무의식의 뇌가 가장 쉽게 집중할 수 있는 일이다.

자연과 역사가 검증한
한 마리 토끼 전략

두 마리 토끼를 쫓지 말라는 속담이 있다. 이 속담은 뇌과학적으로도 일리가 있다. 우리 뇌는 기능적으로 두 마리를 쫓기 어렵게 되어 있다. 한번 추적을 시작한 사자는 주변에 혹 더 가까운 먹잇감이 지나치더라도 돌아보지 않는다. 반대로 피식자들은 뭉쳐 있거나 사방으로 흩어지면서 포식자를 교란한다. 한 우물만 파다가 물이 안 나오면 낭패인데도 우리의 뇌는 한 우물 파기를 선호하도록 설계되어 있다.

고대 전쟁에서 최대 목표는 적진의 왕을 공격하는 것이다. 그래서 왕을 주변으로 수비 방벽이 가장 강력하며 왕의 진영 앞에 주력 부대가 배치된다. 그런데 이러한 공식을 깬 것이 마케도니아의 알렉산더 대왕이다. 기원전 331년 10월 1일 알렉산더 대왕을 필두로 한 5만 군대는 페르시아 다리우스 3세의 15만 군대와 조우하는데, 이것이 바로 그 유명한 가우가멜라 전투다.

페르시아 군대는 전차부대를 앞세워 본진 중앙을 공격한다. 알렉산더를 노린 것이다. 그런데 이때, 알렉산더는 기병을 이끌고 페르시아 군대의 중앙에서 측면 쪽으로 길게 평행한 방향으로 달려

나간다. 핵심 타깃이 이동하는 황당한 상황이 벌어진 것이다.

그러자 페르시아 군대는 기병대를 따로 편성하여 이동하는 알렉산더를 추격한다. 그 결과 페르시아 군대는 중앙공격팀과 측면공격팀 둘로 나누어지게 되었다. 바로 그때 알렉산더 기병들은 기수를 돌려 둘로 나눠진 사이를 돌진하여 다리우스 3세의 본진을 공격했다.

알렉산더를 쫓던 페르시아 기병과 보병들은 앞서가는 동료들만 쫓아가다가 돌이킬 타이밍을 놓치고 만다. 이 전투에서 다리우스 3세는 도망하게 되고 페르시아 군대는 괴멸하였으며 알렉산더는 승자로서 페르시아에 입성한다. 뇌의 추격원리를 활용해 한 마리 토끼에 집중한 알렉산더의 전략이 빛난 전투였다.

《가우가멜라 전투 The Battle of Gaugamela》, 얀 브뤼겔 Jan Brueghel the Elder, 1602년

한 마리 토끼 전략은 이미 자연에서 오랜 기간 검증되었다. 옥스포드대학교 교수이자 노벨상 수상자인 니콜라스 틴베르헌Nikolaas Tinbergen은 모든 동물은 한 번에 하나의 동기에 집중한다고 하였다. 시상하부에 성욕, 물욕, 공격욕, 안전욕 등 다양한 욕망의 신경들이 있지만 환경적인 자극에 따라 이들 중 하나의 욕구에 선택하여 집중한다는 것이다.

우리는 욕망을 피할 수 없지만, 적절한 욕망을 선택할 권리가 있다. 지금 이 순간 당신의 머릿속을 가득 채운 한 마리 토끼는 무엇인가?

목표 하나에 집중하는
비즈니스 전략

여러 가능성을 동시에 쫓지 않고 하나의 목표에 집중하는 전략은 비즈니스에서도 중요하다.

2018년 일론 머스크Elon Musk의 테슬라는 파산 직전까지 갔었다. 2016년 모델3 예약이 25만 대 밀려들었는데 정작 생산능력은 겨우 하루 3대였다. 2017년 일론 머스크는 테슬라의 파산을 막고자 거대 자본가이자 애플의 CEO인 팀 쿡에게 테슬라 인수를 10분의 1 가격으로 제안했지만 거절당했다. 이런 위기에서 머스크는 피하고 싶은 목표에 더욱 집중하는 포식자의 면모를 보였다. 목표를 오직 모델3 대량생산에 맞췄다.

생산과 직접 연관이 없는 임원을 대량 해고하고, 차세대 모델 R&D는 보류했으며, 모델3 배터리를 35% 저렴한 것으로 적용하였고, 모델3 옵션을 추가하여 수익성을 높였다. 그리고 자신의 재산 2,500만 달러를 테슬라에 투자하였다. 한마디로 모델3 생산성 향상이라는 목표에 집중한 전략이다. 그 결과 모델3 생산능력을 한 주에 5,000대 수준으로 끌어올릴 수 있었다.

이후 흥행에 성공한 테슬라는 세계에서 가장 비싼 기업으로 발돋움한다. 일론 머스크뿐만 아니라 제프 베이조스 Jeff Bezos도 전 재산과 마찬가지를 쏟아부으면서 세계 최대 전자상거래 플랫폼 아마존을 성공으로 이끌었다. 외에도 성공한 수많은 체육선수들과 예술가들이 자신만의 선명한 목표를 가지고 전력을 쏟아부은 경우가 많다.

우리 뇌와 몸을 통해 배울 수 있는 것은 위기 상황에서 더욱 전심으로 시간과 노력을 투자해 돌파해나가는 전략이다. 위기일수록 문제에 집중하고 노력해 해결하려는 도전정신이 우리의 유전자에 새겨져 있다. 이를 잘 활용하면 좋은 성과를 낼 수 있다.

잘하려고만 하지 말고 한 마리 토끼, 즉, 좋은 목표를 설정하라. 그러면 뇌는 우주 최고의 역량으로 그것을 향해 창의적으로 나아갈 것이다.

강화학습, 실패를 통해
성공으로 나아가는 원리

처음부터 유능한 사냥꾼은 없다. 뇌는 시행착오를 통해서 사냥 기술을 익히고 발전시킨다. 실제로 많은 동물이 성공할 확률이 낮은데도 사냥을 시도한다. 많은 시도 끝에 사냥 성공률이 높아지고 먹고살 수 있는 발판을 마련한다.

나는 뇌가 어떻게 실패를 감내하고 목표를 추구하는지 쥐를 대상으로 실험을 해보았다. 쥐의 사냥감인 귀뚜라미를 자석 위에 붙였다. 자석을 요리조리 움직이며 귀뚜라미 위치를 원하는 대로 조종할 수 있으니 쥐가 절대 사냥할 수 없는 슈퍼 귀뚜라미를 만든 것이다. 대부분의 쥐가 슈퍼 귀뚜라미에게 접근하다가 먹잇감이 말도 안 되는 능력으로 도망가버리자 이내 사냥을 포기했다. 그런데 쥐 가운데 일부는 슈퍼 귀뚜라미를 추적하기 시작했다. 놀라운 것은 실패한 후, 다시 시도할 때마다 타깃과의 거리가 점차 좁혀지더니 결국 슈퍼 귀뚜라미 사냥에 성공했다. 반복되는 실패를 통해 자신의 행동을 보정하여 결국 최적의 사냥전략을 찾아낸 것이다.

어떤 차이가 있었을까? 실패를 통해 배워 사냥에 성공한 쥐는 이전에 귀뚜라미 사냥에 쉽게 성공한 적이 있었다. 작은 성공의 경험이 도파민 강화학습 신경회로를 활성화하기 때문에, 실패에 굴하지 않고 실패를 통해 전략을 업그레이드시킬 수 있었다.

실패를 통해서 배우며 자신의 능력을 업그레이드하기 위해서는 먼저 작은 성공의 경험이 필요하다. 토마스 에디슨Thomas Edison은 전구를 만드는 데 1,000번 이상 실패했다. 마침내 전구 제작에 성공했을 때 그는 '나는 전구를 만드는 데 실패할 수 있는 1만 가지 노하우가 있다'고 했다. 우리가 실패를 통해 배우고 시도를 반복할 수 있는 건 바로 도파민을 분비하는 강화학습 신경회로 때문이다.

작은 성공에 대한 칭찬과 격려와 보상을 경험하면 더 큰 목표에 도전할 수 있다. 실패는 성공의 어머니란 말이 있는데 실패를 통해 배우는 능력과 의지는 작은 성공의 경험으로부터 나온다. 우리가 자녀들과 동료들에게 줄 수 있는 가장 큰 선물이 작은 성공의 경험이다.

최고의
사냥전략

들개형 전략: 협력으로 사냥터를 확장하다

아프리카 초원지대에서 가장 유능한 사냥꾼은 누구일까? 성공률로만 따지면 들개가 최고다. 들개는 지구력이 좋은 데다가 집단으로 사냥하는 전략을 사용한다. 백수百獸의 제왕인 사자도 사냥 성공률이 많아야 20%인데 들개는 70~80%에 달한다.

들개들은 포위망을 좁혀 갑자기 공격하는 사자와 달리, 임팔라 등 재빠른 육상동물들이 이리저리 도망갈 수 있도록 자극한 뒤에 포위하는 보다 큰 그림의 전략을 사용한다. 임팔라는 들개의 포위

들개는 협력하여 집단으로 사냥하는 전략을 구사한다.

망 안에서 에너지만 소모하고 우왕좌왕하다가 결국 먹잇감이 된다. 이들이 사냥을 시작하면 독수리가 하늘을 맴돌고, 사자도 이동을 시작하고, 하이에나는 따라다니며 파티시간을 기다린다.

　들개의 생존전략은 사회성에 있다. 힘이나 세력에선 밀리지만 협력으로 한계를 극복한다. 서로 교감하면서 먹잇감을 효과적으로 사냥하고 사냥에 성공한 뒤에도 함께 나눠 먹는다. 소외된 이들을 배려해 나누어 먹기도 하고 먹잇감으로 배를 채우고 둥지로 돌아와 음식을 토해 새끼들과 암컷에게 나누어준다. 들개들은 경쟁자들이 오기 전에 신속하게 먹잇감을 먹어치워야 한다. 이들은 한 번에 7kg 이상 위에 채울 수 있기에 네다섯 마리가 40~70kg 나가는 임팔라를 금방 먹어치울 수 있다.

늑대를 포함한 개과 동물은 세계적으로 가장 넓은 지역에 서식하는 사냥꾼이다. 우리나라 제주도 한라산에는 한때 노루가 약 1만 2,000마리까지 증가했다가 최근 조사에 따르면 약 4,800마리 정도로 줄었다. 자체적으로 개체 수가 줄어든 이유를 찾고 보니 노루의 개체 수 감소의 주요 원인은 천적인 들개였다.

동료의 의도를 파악하는 능력이 탁월한 개과 동물들의 조상은 인간사회에 접근하는 데도 성공하였다. 서로 눈빛을 주고받으며 먹잇감을 사냥했던 개들의 조상들은 인간에게도 눈을 맞추며 인간사회에 적응했다. 개들은 탄수화물 소화능력까지 발달시켜 인간의 농경사회에도 잘 적응했다. 인간의 사냥에 개들이 함께하는 것은 매우 오랜 역사다. 사냥에 성공하면 자신이 먹지 않고 주인에게 물어다 준다.

인간사회에서도 사회성은 중요하다. 어느 곳에 있든지 함께 어울릴 수 있는 능력이야말로 인생의 영역을 넓히는 데 중요한 요소다. 그러나 인간사회에서 사회성은 친하게 지내는 것에 머물러서는 안 된다. 야생에서 사회성이 사냥에 효율을 높였다면, 인간사회에서 사회성은 가치를 창출할 수 있어야 한다. 가치를 창출해야 사회적인 영향력도 늘릴 수 있다. 그러므로 다양한 사냥터에 적응할 수 있는 사회성과 배려행동을 배우는 것은 중요하다.

하이에나형 전략: 공격성으로 사냥감을 확대하다

하이에나도 들개와 비슷하게 집단사냥을 하지만, 사냥법은 다

하이에나 사회는 철저한 계급사회다. 사냥한 먹잇감을 힘의 서열에 따라 먹고 양보하지 않는다.

르다. 하이에나는 성기나 다리 혹은 꼬리를 강한 턱과 이빨로 물어뜯는다. 부상을 당한 먹잇감은 속도가 느려지는데 이때 여러 마리 하이에나가 달려들어 뜯어먹는 전략이다. 이런 전략으로 기린이나 누 등 다양한 초식동물을 사냥할 수 있다.

사냥 후 먹잇감을 나누는 방식도 들개와 차이가 있다. 하이에나 사회는 철저한 계급사회다. 사냥한 먹잇감을 힘의 서열에 따라 먹고 새끼들에게도 양보하지 않는다. 하이에나는 새끼들 사이에서도 서로 싸우고 경쟁하여 새끼일 때 25% 정도가 사망한다. 하이에나 새끼는 성체로 자라나는 확률이 낮다.

골고루 나눠 먹지 못하는 하이에나 사회에서 생존하기 위해선 보다 공격적이어야 한다. 하이에나형 사회에서는 상대방을 배려하다가 손해 보는 경우가 많다. 내가 상대방을 배려하여 나눈 먹잇감을 상대방은 먹지만, 상대방은 나를 배려해 먹잇감을 남기지 않기 때문이다. 그래서 하이에나 사회에서는 개인의 힘과 공격성이 중요하다. 정해진 먹잇감 중에 나의 몫을 챙기기 위해서다. 남들보다 더욱 노력해야 하고 남보다 내가 낫다는 것을 적극적으로 증명하지 않으면 살아남기 힘들다.

하이에나 사회에서는 출생률이 낮아진다. 부부가 아이를 낳고 돌보다가는 사회적으로나 경제적으로나 약자가 되고 보상에서 소외될 가능성이 높기 때문이다. 또한 부족한 먹잇감을 보충하기 위해 남의 먹잇감을 빼앗는 하이에나처럼, 나눠 주기보다는 나의 이익을 채우는 이기적 행동이나 범죄가 일어날 확률이 높아진다. 하이에나는 들개보다 고차원적인 협력을 하지 않지만, 그 부족한 부분을 공격성이 메우고 있다. 공격성은 전쟁과 같은 극심한 상황이 아니더라도, 경쟁적인 사회구도에서 이익을 얻기 위해 매우 중요한 역할을 한다.

인간은 들개형 전략과 하이에나형 전략을 두루 사용한다. 협력하는 집단 내에서는 들개형 전략을 구사하고, 집단과 집단 간의 경쟁에서는 하이에나와 같은 공격적인 전략을 구사한다. 상황에 따라서 이중성을 보이는 것이다. 회사, 지역, 국가에 따라 협력과 공격적인 행동이 다이나믹하게 나타난다.

주어진 상황에서 나는 들개가 될 것인가, 아니면 하이에나가 될 것인가? 인간의 뇌는 사회적 협력과 사회적 공격성 사이에서 늘 고민한다.

나만의 사냥터를 찾아라

케이트는 세렝게티 동부지역에서 근무한다. 대초원에 우기가 지나고 땅에 풀이 자라는 때가 되면 누, 얼룩말, 톰슨가젤 등 거대 초식동물들이 악어 떼가 우글거리는 마라강을 건너 케이트의 근무지역으로 이동한다. 무보수로 일하기 때문에 먹는 것은 현장에서 해결해야 한다. 오랜 여행으로 부상을 입었거나 어린 동물이 있으면 한두 마리씩 잡아먹는다.

케이트는 몸무게 50kg, 몸길이 1.5m, 키 80cm인 베테랑 치타다. 해질녘이나 밤에 사냥하는 다른 육식동물과 달리 낮에 사냥하고 밤에 잔다. 세계에서 가장 빨리 달리는 동물로서 최고 시속 120km에 달한다. 보폭이 7m이며 1초에 서너 번 뛸 수 있기 때문에 100m를 3~4초 안에 주파한다. 작은 삼각형 머리 모양이라 공기저항이 적으며 허리와 척추가 유연하여 몸이 수축하고 팽창하면서 운동에너지를 폭발시킨다. 발톱이 고정형이라 땅을 디딜 때마다 가속이 된다. 인간이 축구화나 육상화 바닥에 스파이크를 박는 것도 치타의 전매특허를 차용해온 셈이다.

케이트의 사냥 능력은 달리기로 승부할 수 있는 넓은 초원에서 빛난다. 그러나 이런 개방형 공간은 좋은 사냥터만은 아니다. 사냥하기 좋은 먹잇감들은 바위나 나무가 많아 숨기 용이한 곳에 서식하기 때문이다. 개방형 초원에는 얼룩말, 임팔라, 누 같은 대형 초식동물들이 집단으로 서식한다. 이들은 장거리 달리기에 능숙하며, 포식자의 존재를 서로 알려주는 집단방어 체계를 갖추고 있어 녹록지 않은 먹잇감이다.

만일 케이트가 보다 손쉬운 먹잇감이 있는 근무지역으로 이동하면 어떨까? 그곳은 경쟁자들이 많기에 에너지 이익이 낮은 이른바 레드오션이다. 치타는 사냥에 성공해도 절반 정도는 하이에나 등 다른 포식자들에게 빼앗기는 신세이니 경쟁이 심한 곳에서는 더 많은 손실이 생길 것이고 새끼들은 더 큰 위험에 노출될 것이다. 실제로 케이트의 조상들은 북미와 유라시아 대륙 전반에 서식하였으나 다른 포식자들에게 근무지역을 내어주고 이젠 아프리카와 서남아시아 일부에만 서식하고 있다.

케이트의 이야기는 '최적의 사냥터란 무엇인가'에 대한 깨달음을 준다. 최적의 사냥터란 사냥하기 쉬운 곳이 아니라 '나만이 사냥할 수 있는 곳'이다. 뇌는 사냥감을 단순히 추적하는 것뿐만 아니라 효과적인 사냥터를 탐색하고 선택해 에너지 딜레마를 극복해야만 한다. 먹잇감이 많지만 경쟁자도 많아 충분한 먹잇감을 얻지 못하거나, 경쟁이 없는데 먹잇감도 없으면 그것은 잘못된 선택이다.

사냥꾼들이 먹고 싶은 먹잇감을 선택한 것이 아니다. 사냥터가 그

곳에 맞는 사냥꾼들을 선택한 것이다. 인간사회에서도 마찬가지다. 성공한 사람들의 성공 요인을 통계적으로 보면 태어난 나라, 부모의 유전자, 교육 등 개인의 노력과 무관한 요인들이 80% 이상을 차지한다. 개인과 기업이 진로를 선택할 때, 주어진 능력과 기술을 가장 잘 발휘할 수 있는 나라와 지역을 선택하는 것이 중요한 이유다.

추종을 경계할 것!
기다림의 미학이 필요하다

세렝게티 국립공원의 초식동물들은 계절에 따라 시계방향으로 서식지를 바꾼다. 그러므로 떼를 지어 다니는 초식동물의 장관을 보려면 방문 시기와 위치를 잘 파악해야 한다. 초식동물들은 에너지 효율이 낮은 풀이 주식이기에 지속적으로 많이 먹어야 하고, 계절을 따라 수천 킬로미터를 이동하려면 몸에 지방을 많이 축적해야 한다.

케이트가 서식지 경쟁을 피하는 가장 쉬운 방법은 정해진 사냥터에 머무르지 않고 먹잇감을 따라다니는 것이다. 가젤이 가는 곳, 얼룩말이 가는 곳, 누들이 몰려다니는 곳으로 따라다니면 된다. 먹잇감 추종행동 prey-guided movement 을 취하면 되는 것이다.

그러나 먹잇감을 따라다니면 에너지를 소모한다. 에너지를 소모하면 정작 사냥할 힘이 없어진다. 그렇다고 몸에 지방으로 에너지

무작정 추종하지 말고 자기만의 때를 준비하고 기다리는 지혜가 필요하다.

를 축적한다면 몸이 둔해져 역시 사냥을 하지 못한다. 그래서 대부분의 전문 포식자들은 날씬하다. 아마도 치타의 조상 중에는 수천 킬로미터를 이동하는 초식동물 떼를 따라다니던 개체도 있었을 것이나 모두 적응에 실패했음에 분명하다.

뇌과학적으로 볼 때, 눈에 보이는 먹잇감을 따라가는 것은 본능이며 그 본능을 억제하여야 추종행동을 막을 수 있다. 그러나 본능을 억제하기란 쉽지 않다. 본능은 무의식적인 것으로 나의 의지와 무관하게 반응하기 때문이다. 야동을 보면 성욕이, 먹방을 보면 식욕이, 명품을 보면 물욕이 생기는 것이 뇌가 만들어낸 본능이다.

본능은 억제의 대상이 아니며 그 본능을 추구하는 행동을 늦출 수 있을 뿐이다. 서서히 멀어져 가는 가젤과 누 떼를 보며 사냥본능을 따르지 않고 유예하는 기다림의 미학이 필요하다.

세렝게티의 초원에 가뭄이 오고 초식동물이 떠나갈 때, 최상위 사냥꾼들의 진면목이 드러난다. 먹잇감을 따라갈 수 없다면 그들이 돌아올 때까지 기다려야 한다. 수개월간 먹을 것이 사라지고 신선한 물을 구하기도 힘드므로, 고난을 버티되 최대한 에너지를 절약하면서 버텨야 한다. 연약한 몸으로 살아선 먹잇감이 돌아와도 사냥할 수 없기 때문이다. 미래를 걱정하는 데 소비하는 에너지조차 아껴서 차분하고 잠잠하게 그리고 여유 있게 기다려야 기회를 다시 잡을 수 있다.

2016년 1월, 다보스 세계경제포럼에 KAIST 대표로 참석한 적이 있다. 당시 클라우스 슈밥Klaus Schwab 세계경제포럼 의장은 기조연설에서 4차 산업혁명 시대의 시작을 알렸다. 그의 주장에 따르면 인공지능을 기반으로 한 4차 산업혁명 시대의 주요 특징은 예측불가능성에 있다. 사회가 워낙 빨리 발전하기에 수년 뒤 어떤 산업환경이 펼쳐져 있을지 예측하기란 어렵다. 과거 10년 동안 일어난 변화가 다가올 1년 혹은 수개월 안에 이루어질 수도 있다.

그렇다면 예측불가능한 사회를 대비해 우리는 어떤 예측을 해야 하는가? 의외로 세렝게티 치타가 취하는 전략인 준비하고 기다리는 자세가 유효하다. 나만의 사냥터를 가꾸고 준비하면 먹잇감이 떼로 몰려드는 나의 시대가 도래한다. 한마디로 예측이 필요 없는 전략인 셈이다. 여행이나 요리 등 취미를 전문적으로 하던 사람들이 유튜브를 통해 크리에이터 경제의 주축이 되어 1,000억 달러 매출 시대를 열 줄은 누구도 예측할 수 없었다.

역사는 반복된다. 1970년대에는 너도나도 주산학원에 갔고, 1980년대에는 전동 타자 학원이 유행이더니, 1990년대에는 컴퓨터 언어 배우기 붐이 일었고, 이젠 인공지능 시대가 온다며 너도나도 코딩을 배운다. 너도나도 뛰어드는 작금의 유튜브 경제는 순식간에 레드오션으로 진입했다. 시대를 추종하지 말고, 시대가 나를 찾아올 때를 기다리며 준비하는 것이 앞으로 다가올 예측불가능한 시대를 살아가는 지혜다.

떼를 지어 유행을 추종하는 시대에서, 나의 때를 준비하며 기다리는 전략은 쉽지만 어려운 일이며, 단순하지만 복잡한 전략이다.

4부

습관과 중독의 딜레마

고도의 도파민 상품은
이제 곳곳에 널려 있다.
'어떻게 조절하느냐'는
현대인의 필수 질문이 되었다.
당신의 조절 능력은 괜찮은가?

절제의 성공학,
습관과 중독을 이기는 뇌과학

김대수

**인간이 단기적인 유혹을 이겨내고
장기적인 목표를 달성하기 위해서는
본능적인 충동과 논리적인 판단 사이의 균형을 찾아야 한다.**

진정한 성공은
기다릴 줄 아는 능력에서 비롯된다.

절제의 성공학, 습관과 중독을 이기는 뇌과학

**습관과 중독,
사냥전략의 딜레마**

"인생은 가까이서 보면 비극이지만 멀리서 보면 희극이다."

_찰리 채플린 Charles Chaplin

    찰리 채플린 주연의 영화 〈모던 타임즈〉를 보면 컨베이어벨트 앞에서 나사 조이기를 반복하는 노동자가 나온다. 노동자는 하루 종일 나사 조이기를 반복하다 보니 동그란 것만 보면 조이는 이상행동을 한다. 무의식적인 반복행동이 뇌 속에서 강화되었기 때문에 보이는 현상이다.

    우리의 하루 일상을 돌아보면 대부분 강화행동이다. 스스로 행동하여 창의적인 활동을 하는 시간은 매우 적다. 반복행동은 무의

영화 〈모던 타임즈〉 속 노동자는 무의식적인 반복행동이 뇌 속에서 강화되어 이상행동을 보인다.

식적으로 강화되기에 우리가 의식하지 못할 뿐 아니라 의식적으로 조절하기도 어렵다. 약물중독, 스마트폰중독, 게임중독 등 다양한 중독 증세는 특정행동이 강화되어 나타나는 현상이다.

사실 강화학습은 인간의 생존과 적응에 매우 중요하다. 오래전 인간은 무수히 많은 사냥 실패 속에서 노하우를 배우고 기억하여 먹잇감을 잡아먹을 수 있었다. 반복행동으로 강화학습하여 베테랑 사냥꾼으로 거듭났다.

그런데 사냥 조건이 달라져 새로운 전략이 필요한 상황이 되면 사냥꾼의 습관은 오히려 방해가 된다는 데 딜레마가 있다. 격투기 경기에서는 늘 같은 상대와 싸울 수 없다. 달라진 조건에서 상대를 이기는 전략을 구사하려면 새로운 전략이 필요하다. 큰 펀치가 강점인 상대에게는 카운터펀치로 대응하고, 카운터펀치를 날리는 습관이 있는 상대에게는 펀치대신 로우킥으로 공격해야 하는 것이다. 이는 현대에 들어 더욱 주지할 만하다. 일정한 먹잇감을 노리는 사냥꾼의 습관은 매우 중요하지만, 다양한 먹잇감과 복잡한 상황에서 이익을 추구하는 현대인들에게 습관은 오히려 독이 되기도 하기 때문이다.

현대사회는 가히 중독 공화국이다. 스마트폰이나 게임에 중독된 청소년들과 어른들도 증가하고 있으며, 담배나 술뿐만 아니라 마약중독까지도 증가하고 있다. 이러한 중독 증세들의 공통된 흥미로운 점이 있다. 에너지를 소모하는데 되레 뇌는 보상을 얻는다는 점이다. 원래라면 먹잇감을 얻는 사냥모드에서나, 먹잇감을 먹는 섭취모드에서 뇌는 보상을 받는데 위에서 언급한 중독증세들은 이 중 어느 것에도 해당하지 않는다. 어떻게 된 것일까?

습관과 중독을 만드는
도파민

"몇 번 말해! 밥 먹고 하라니까!"

아들은 엄마의 말을 듣고도 방에서 나오지 않는다. 게임 중인 아들은 아이템 사냥에 열중하고 있다. 뇌와 몸이 새로운 아이템이라는 사냥감에 집중되어 있다. 심박수가 증가하고 동공은 확장되었다.

이때 아들은 밥을 먹고 게임을 해야 할까, 아니면 게임을 하고 밥을 먹어야 할까? 달리 말하면 식후 사냥이 맞을까, 사냥 후 식사가 맞을까? 이런 엉터리 질문에 대한 답은 분명하다. 뇌 속에 기록된 인간의 역사를 보면 사냥한 뒤에 식사를 하는 것이 맞다.

우리 몸은 먹을 것을 획득한 후에는 가능한 한 많이 먹어둔다. 그리고 그 에너지를 몸에 비축해 두었다가, 다시 기회가 오면 사냥을 나선다. 아들의 뇌는 현재 사냥모드로서 에너지를 사용해 먹을 것을 구하고 있다. 선 사냥, 후 섭취가 유전된 뇌의 전략이다. 자녀가 밥도 잊고 게임이나 놀이에 빠져 있을 때, 자연스러운 반응임을 이해한다면 조금은 너그러워질 수 있을 것이다.

사냥에 성공한 뇌는 도파민을 분비하여 쾌락중추를 자극한다. 낚시 배를 타고 나가 잡아 올린 생물 오징어 회를 초고추장에 찍어 먹는 기분, 한겨울 시냇가에서 돌멩이를 뒤집으며 잡은 개구리를 구워 먹는 맛, 조기축구 이후 동료들과 함께 먹는 설렁탕 한 그릇, 밤새 실험을 하다가 시장기를 달래기 위해 뜨거운 물을 부어 먹는 사발면. 도파민과 함께하는 음식은 맛있다. 사냥하느라 수고했다고 뇌가 주는 선물이다.

뇌는 어떻게 음식에 반응해 도파민을 분비할까? 장이 움직이며 음식을 소화시킬 때 내장신경계는 척수신경을 통해 뇌에 신호를 보낸다. 이들 신경은 뇌의 VTA 도파민 신경을 자극한다.[1] VTA 신경이 도파민을 분비하면 뇌는 음식을 먹기 위해 한 행동을 의미 있게 기억한다.

음식뿐만 아니라 어떤 욕구든 그 욕구를 충족시키면 뇌는 도파

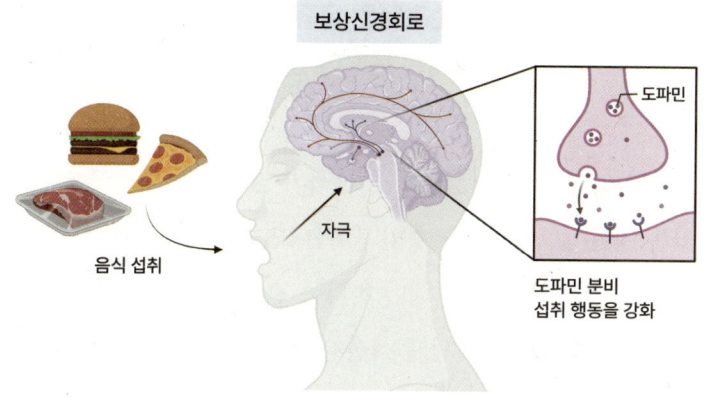

도파민을 분비하는 보상신경회로

민을 분비하여 보상을 얻는다. 보상을 얻으면 해당 행동과 장소와 대상을 기억하여 관련 행동을 강화한다. 성공을 가능하게 한 행동을 기억하고 촉진한다. 이것을 강화학습이라 한다.

 강화학습 기제는 똑같은 행동을 반복하게 할 뿐만 아니라 새로운 방법을 터득하면 행동을 업그레이드하기도 한다. 시험에서 100점을 받아 칭찬을 들은 어린이가 다음 시험도 열심히 공부하여 준비한다면 이때 어린이의 뇌는 한껏 분출된 도파민의 영향을 받았기 때문이다.

 현대사회 시스템은 거대한 강화학습 체제라 할 수 있다. 현대인들은 칭찬과 그에 대한 보상을 받기 때문에 각자 영역에서 노력한다. 노력에 따른 보상을 받아 사회인으로서 먹고살 수 있게 되는 것이다.

순간적인 유혹을
이겨내는 능력이 있는가?

오늘날 인간의 삶은 끊임없는 선택의 연속이다. 오늘 당장 얻을 수 있는 작은 보상을 받을 것인가, 아니면 더 큰 보상을 위해 기다릴 것인가? 우리는 저축을 해야 한다는 걸 알면서도 충동구매를 하고 다이어트를 하면서도 단 음식을 찾는다.

이러한 선택의 과정은 단순한 습관이 아니라, 우리의 심리적·신경학적 특성과 밀접하게 연관되어 있다. 심리학과 신경과학 연구들은 인간이 단기 보상과 장기 보상을 선택하는 방식이 본능적이며, 환경과 뇌의 신경회로에 의해 조절된다는 점을 밝혀냈다.

인간이 장기적인 목표를 위해 순간적인 욕구를 억제할 수 있는 능력을 '지연 보상 선택delayed gratification'이라고 한다. 이 개념을 가장 대표적으로 설명하는 연구는 심리학자 월터 미셸Walter Mischel과 동료들이 1972년에 수행한 마시멜로 실험Marshmallow Test이다. 연구진은 어린이들에게 마시멜로 하나를 즉시 먹을지, 아니면 일정 시간을 기다린 후 2개를 받을지를 선택하도록 했다.

이 실험은 단순한 놀이처럼 보일 수도 있지만, 결과는 매우 흥미로웠다. 즉각적인 보상을 선택했던 아이들보다 기다릴 수 있었던 아이들이 성인이 되었을 때 학업 성취도, 직업 안정성, 건강한 생활 습관 등에서 더 나은 결과를 보였기 때문이다. 미셸의 연구는 인간의 성공적인 삶과 자기 통제self-control 능력이 밀접한 관계가 있음을 시사했다.

하지만 이후 연구들은 이 결과가 단순한 의지력의 문제가 아니라, 개인이 자란 환경적 요인과도 깊이 관련된다는 점을 강조했다.[2] 예를 들어, 불안정한 환경에서 자란 아이들은 지연 보상을 신뢰하지 못하고 즉각적인 보상을 선호하는 경향이 있었다.

또한 참을성 있는 아이들은 발을 구르거나 책상을 두드리는 등 관심의 방향을 다른 곳으로 바꾸는 기술이 있다. 장기적인 보상을 기대함과 동시에 단기적인 욕구를 억제할 수 있는 방법을 알고 있었던 것이다. 이것을 분산self-distraction 전략이라고 한다.[3]

이러한 연구들은 우리의 일상생활과도 밀접하게 연결된다. 건강한 식습관을 유지하거나 저축을 하는 것과 같은 장기적인 목표를 달성하기 위해서는 순간적인 유혹을 이겨내는 능력이 필요하다. 그러나 이 과정은 단순히 의지력의 문제가 아니다. 우리의 뇌는 단기 보상을 추구하는 본능적인 경향을 가지고 있기 때문에 이를 조절할 전략을 갖추어야 한다.

단기 보상을 추구하는
뇌의 본능적 경향

단기 보상과 장기 보상 중 어떤 것을 선택할지는 뇌의 2가지 시스템이 상호작용하면서 결정된다. 심리학자 사무엘 매클루어Samuel

하이퍼볼릭 할인 이론에 따르면 시간이 지남에 따라 보상의 주관적 가치는 급격히 감소한다. 즉, 같은 금액이라도 오늘 당장 받을 때 더 매력적으로 보이며, 시간이 지나면 상대적으로 덜 가치 있게 느껴진다.

M. McClure와 연구진에 따르면, 즉각적인 보상을 선택할 때 뇌의 원시적인 보상 시스템인 측좌핵ventral striatum과 도파민 시스템이 활성화된다.[4] 이는 우리가 단 음식이나 쇼핑과 같은 즉각적인 쾌락을 즐길 때 강하게 작용하는 신경회로다. 반면, 장기적인 보상을 선택할 때는 전전두엽prefrontal cortex이 더욱 활성화되며, 이 영역은 논리적 판단과 충동 조절을 담당한다.

예를 들어, 다이어트를 하는 사람을 생각해보자. 초콜릿을 앞에 두고 "이걸 먹으면 기분이 좋아질 거야"라고 생각하는 순간, 뇌의 보상 시스템이 활성화된다. 그러나 동시에 "하지만 건강을 위해 참아야 해"라고 생각할 때, 전전두엽이 작동하면서 충동을 조절하려고 한다. 문제는 보상 시스템이 전전두엽보다 더 빠르고 강하게 작용한다는 점이다. 이는 왜 사람들이 건강을 해칠 걸 알면서도 흡연을 하거나, 저축보다는 즉각적인 소비를 더 선호하는지를 설명해준다.

심리학자 조지 에인슬리George Ainslie는 이러한 인간의 보상 선택 패턴을 설명하기 위해 하이퍼볼릭 할인hyperbolic discounting 이론을 제시했다. 이 이론에 따르면, 시간이 지남에 따라 보상의 주관적 가치는 급격히 감소한다. 즉, 같은 금액이라도 오늘 당장 받을 때 더 매력적으로 보이며, 시간이 지나면 상대적으로 덜 가치 있게 느껴진다. 이는 우리가 장기적인 보상을 논리적으로 이해하고 있음에도 불구하고 당장의 유혹을 쉽게 뿌리치지 못하는 이유를 설명해준다.

목표 달성을 하고 싶다면
도파민을 활용하자

목표 달성에 성공하고 싶고, 습관을 바꾸고 싶다면 도파민을 활용해야 한다. 가령 고혈압 위험군인데도 술을 끊지 못하고 라면과 과자 등 고열량 음식을 계속 먹는 사람은, 그러한 음식을 먹지 않는 것이 보상이 되도록 해야 한다. 매일 먹은 음식과 양을 기록하고 잘 지켰을 경우 칭찬 등을 해주어 보상을 받도록 하면 효과적이다. 누군가 나의 행동에 관심을 가지고 평가한다는 사회적 피드백 자체

건강관리 기기와 애플리케이션은 뇌과학과 기술을 활용한다. 단순히 활동량을 보여주는 것에 그치지 않고, 목표를 제안하고 적절한 응원과 격려로 목표를 달성할 수 있도록 피드백한다.

가 보상이 되어 도파민 신경을 자극하기 때문이다. 칭찬을 들으면 도파민이 분비되고 음식 섭취 조절을 계속하게 된다. 카카오톡으로 소통하며 다이어트를 도와주는 서비스도 같은 원리다.

스스로 습관을 관찰하고 기록하는 것만으로도 효과가 있다. 루이스 버크Louise Mary Burke 등이 미국 다이어트 협회지에 기고한 리뷰에 따르면 자기 모니터링, 특히 스스로 수행한 음식 섭취 기록이 체중 감량에 중요한 역할을 한다는 증거를 제시한다. 음식 섭취를 기록하는 행위가 성취감을 주어 도파민 시스템을 자극하기 때문이다. 마이피트니스팔MyFitnessPal, 눔Noom과 같은 앱은 사용자가 식단을 기록하고 이를 시각적으로 피드백을 받도록 되어 있다.

욕구에 반하는 윤리적인 행동을 혼자서 수행하기는 어렵지만, 종교나 사회적인 관계 속에서는 책임감을 가지게 되고 상호 모니터링하게 되어 훨씬 쉬워지는 것도 같은 원리다. 기독교에서 죄를 회개하는 기도나 천주교에서 고해성사가 대표적인 자기 모니터링 혹은 사회적인 모니터링이라고 할 수 있다. 욕구에 이끌려 행동을 하지 않는 것이 보상이 되어 도파민이 분비되고, 하지 않음이 강화 학습되는 것이다. 그러므로 자기를 통제하기보다는 사회적인 관계 속에서 스스로 행동을 모니터링하고 평가하는 것이 더 효과적이다.

쉬운 성공에도
도파민이 작동한다

꼭 어려운 성공을 해야만 도파민이 활성화되는 건 아니다. 쉬운 성공에도 도파민이 작동한다. 뇌의 도파민 시스템은 어떤 경로로 보상을 얻었는지 가리지 않는다. 쉽게 목적을 달성하게 되면 최저 에너지 소비의 법칙에 따라 쉬운 방법을 계속 추구하게 된다. 가령 강아지에게 아무런 대가 없이 쉽게 간식을 주면 말을 듣지 않거나 버릇이 나빠지는 것과 같은 원리라고 할 수 있다.

이를 거꾸로 활용할 수 있다. 학생을 가르치거나 직원을 교육할 때 쉽게 성공할 수 있는 과제나 프로젝트를 주는 것이다. 작은 성공에 보상을 맛본 사람은 더욱더 큰 보상을 얻기 위해 노력하게 되어 있다. 공부할 때도 어려운 문제부터 풀지 말고 가장 쉬운 문제를 풀어 쉬운 성취의 보상을 준다면, 뇌는 도파민을 분비하여 더욱 깊이 공부할 수 있는 집중력을 제공해준다.

이러한 보상체계를 일상에서 활용하려 할 때, 달성하고자 하는 목표와 보상을 효과가 있도록 연결하여야 한다. 그렇지 않으면 엉뚱한 목표를 달성하게 될 수도 있다.

나는 건강을 위해 헬스장에 다닌 지 6개월이 넘었지만 뱃살은 빠지지 않고 있다. 운동을 마치고 헬스장 건너편 분식집에 들러 순대와 떡볶이를 먹기 때문이다. 기껏 운동을 하고 금기된 탄수화물을 섭취하게 된 사연은 이렇다. 퇴근하여 저녁 시간에 운동을 하다 보니 시간을 내기가 쉽지 않았다. 밥 먹고 나면 졸리고, 다른 일을 하다 보면 운동을 빼먹게 되었다. 그러다 어느 날 억지로 운동을 하고 나니 분식점 간판이 보였다. 떡볶이 국물에 치즈를 섞은 떡볶이를 먹는 순간 도파민이 분출되었다. 다음날부터는 헬스장 가는 일이 쉬워졌다. 운동 이후 탄수화물이 보충된다는 점을 뇌가 기억하고 나를 격려하기 때문이다.

그러나 운동 후 고칼로리 탄수화물 섭취는 뱃살을 빼려는 사람에게는 금기시되는 일이다. 쉬운 영양소인 탄수화물이 들어오면 우리 몸은 지방을 분해하기보다는 탄수화물을 활용하여 운동으로 손상된 근육을 복구한다. 비록 내가 떡볶이에 대한 보상으로 운동을 시작했지만, 성공하기 위해선 내 몸을 건강하게 하는 운동 자체가 보상이 되도록 해야 한다.

장기적인 보상을 얻고 싶다면
세로토닌을 활성화시키자

신경과학자 그레고리 번스Gregory Berns와 연구진은 보상이 불확실할 때 인간이 어떻게 반응하는지를 분석했다.[5] 연구자들은 실험 참가자들에게 즉각적인 소액 보상과 일정 시간이 지난 후 받을 수도 있고, 받지 못할 수도 있는 더 큰 보상 중에서 선택하도록 했다. 실험 결과, 불확실성이 높아질수록 즉각적인 보상을 선호하는 경향이 증가했다. 이는 사람들이 불확실한 보상을 기다리는 것을 본능적으로 불안하게 느낀다는 점을 보여준다.

이런 현상은 경제적 의사결정에서도 자주 나타난다. 예를 들어, 사람들이 장기적인 투자보다 즉각적인 소비를 선호하는 경향은 미래 보상에 대한 불확실성이 커질수록 더욱 강화된다. 또한, 불안한 경제 상황에서는 사람들의 충동 소비가 증가하는 경향이 있다.

단기 보상과 장기 보상을 선택하는 문제는 단순한 의지력의 문제가 아니다. 이는 인간의 심리적 특성, 뇌의 신경 메커니즘, 환경적 요인, 그리고 신경전달물질에 의해 복합적으로 조절된다. 연구들은 전전두엽의 활성화가 증가할수록 지연 보상을 선택할 가능성이 높아지며, 세로토닌과 같은 신경전달물질이 충동 조절에 중요한 역할을 한다는 점을 밝혀냈다.

몰리 크로켓Molly J Crockett과 연구진의 연구에서는 세로토닌 수치를 증가시키면 사람들이 즉각적인 보상을 덜 선택하고, 장기적인

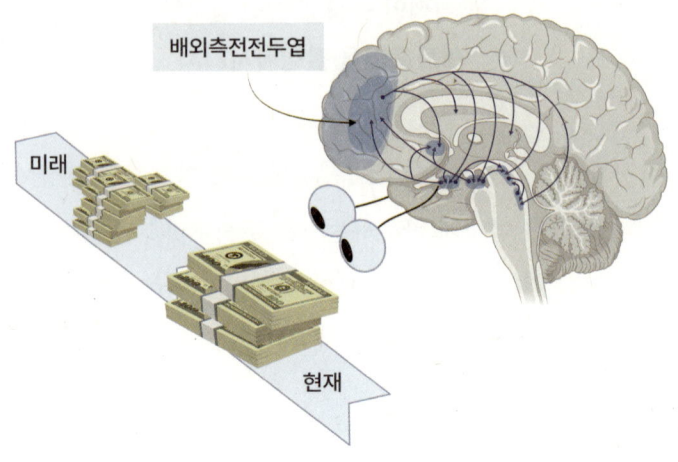

건강한 식습관을 유지하는 사람들은 배외측전전두엽이 더 활성화되어 있었다. 즉, 건강한 음식을 선택하는 과정에서 충동적인 욕구를 억제하는 신경 회로가 더 잘 작동한 것이다.

보상을 선호하는 경향이 나타나는 것을 확인했다.[6] 이는 세로토닌이 충동 조절과 미래 보상 평가에 중요한 역할을 한다는 점을 보여 준다.

이러한 발견은 식이 조절과 다이어트와도 관련이 있다. 건강한 식습관을 유지하는 사람들은 배외측전전두엽dlPFC, dorsolateral prefrontal cortex이 더 활성화되어 있었다.[7] 즉, 건강한 음식을 선택하는 과정에서 충동적인 욕구를 억제하는 신경 회로가 더 잘 작동한 것이다. 반대로, 세로토닌이 부족한 경우(예: 극단적인 다이어트 후) 충동 조절이 어려워져 폭식 행동이 증가할 가능성이 높아진다.

그러므로 다이어트, 재정 관리, 자기계발 등의 목표를 달성하기 위해서는 환경을 조정하고, 습관을 형성하며, 충동 조절 전략을 활용하면 효과적이다. 즉, 인간이 단기적인 유혹을 이겨내고 장기적인 목표를 달성하려면 본능적인 충동과 논리적 판단 사이의 균형을 찾아야 한다. 우리는 즉각적인 만족을 원하지만 진정한 성공은 기다릴 줄 아는 능력에서 비롯된다.

우리는 단기적인 보상과 쾌락에 익숙한 도파민사회를 살고 있다. 당장 먹고 싶은 것은 먹고, 입고 싶은 것은 입는 것이 행복이라면 좋겠는데 도파민은 그 모든 행복을 당연한 것으로 만드는 신기한 능력이 있다. 더 새롭고 더 자극적인 것을 추구하게 만드는 것이다.

반면 현대사회는 고통과 실패와 좌절을 딛고 미래의 보상과 더 나은 나를 추구하게 하는 세로토닌이 부족한 사회다. 나 스스로 자신의 실패를 격려해주고 의미를 부여함으로써 세로토닌의 샘을 여는 연습을 해야 한다. 인생의 실패와 고통으로 인해 도파민 신경이 억눌려 있을 때, 쉼과 마음챙김을 통해 깨달음의 보상이 주어지면 뇌 속의 세로토닌 신경이 활동하기 시작한다.

세로토닌은 단기적인 쾌락보다 장기적인 보상을 추구하게 하고, 일과 스마트폰과 나쁜 습관으로부터 나를 분리할 수 있도록 한다. 나아가 우울한 이웃을 돌아보는 봉사는 뇌 속에 잠자고 있는 세로토닌 신경을 깨우는 강력한 각성제다.

불안하면
더 집착한다

최형진

음식이 풍성하면 살이 찐다고 생각하기 쉽다.
하지만 현실은 반대다.
언제 먹을 수 있을지 모른다는 불안정감은
의식적·무의식적 세계에 지대한 영향을 미친다.

왜 불안하면
더 집착하게 될까?

불안하면 더 집착한다

죽을 줄 알면서도
집착하는 할아버지

김갑석 할아버지는 심근경색으로 심장이 정지되었다가 응급 심폐소생술과 심장혈관 시술로 죽을 고비를 넘겼다. 그동안 무시하고 관리하지 않았던 당뇨병의 높은 혈당이 원인이었다. 김갑석 할아버지는 살고 싶었다. 굳게 마음을 먹고 혈당을 관리하는 방법을 배우기로 했다. 인슐린 용량을 조절하고 음식을 관리하는 방법을 배우기 위해 입원했다.

나는 혈당 관리법을 배우기 위해 입원한 환자들에게 늘 하던 것처럼 조용히 다가가서, 입원실 병상 머리맡에 있는 서랍장을 예고 없이 열었다. 다른 환자들과 마찬가지로 과자와 빵이 서랍장에서 발견되었다.

김갑석 할아버지는 아무도 묻지도 않았는데 도둑이 제 발 저린 것처럼 깜짝 놀라 외쳤다.

"그것이 다 뭔가요? 아니 왜 거기에 있지?"

그러자 같은 다인실에 입원해 있는 반대편 할아버지가 외쳤다.

"의사 양반, 저 할아버지 좀 혼내주셔. 의사랑 간호사가 방에서 나가면 몰래 저 서랍을 열어서 꺼내 먹는다오. 그러고서는 다음날 간호사가 뭐 먹은 것 있냐고 물으면 없다고 한다오."

"아니, 내가 언제 먹었다고! 아, 이 빵이랑 과자는 문병 온 손님들이 자기들끼리 먹으려고 두고 간 것 같아요."

김갑석 할아버지의 서랍장에 있는 빵과 과자는 할아버지가 감춰둔 것이다. 다른 많은 환자들 또한 그랬던 것처럼 할아버지도 먹지 말라고 금지한 음식을 몰래 감춰두고서는 먹었다.

김갑석 할아버지는 왜 이렇게 행동하고 말하는 걸까?

살기 위해 기꺼이 병원에 입원한 사람이 왜 거짓말을 하는 걸까?

사는 법을 배우러 온 사람이 왜 어린아이처럼 단맛의 유혹을 못 참을까?

왜 자신을 죽음의 문턱까지 데려갔던 해로운 음식의 유혹을 참지 못하는 것일까?

왜 죽을 줄 알면서도 반복적으로 탐닉하는 것일까?

해롭다는 것을 알면서도 참을 수 없는 강력한 욕망에 휩싸여 반복하는 행동, 바로 중독이다.

김갑석 할아버지만 겪는 일일까? 나를 비롯하여 이 책을 읽고 있는 독자 여러분 모두의 마음속 깊이 뿌리 내린 강력한 유혹들은 강하고 은밀하게 오늘도 우리 몸과 생각을 파괴하고 있다.

나는 대학병원 내분비내과에서 수년간 근무하면서 식습관과 이로 인한 질병으로 고통받고 죽어가는 수많은 환자를 만났다. 당뇨병이나 심근경색으로 중환자실에서 가까스로 죽음을 모면한 환자들도 간식의 유혹에 굴복하는 경우가 많았다. 많은 사람들이 건강에 해롭다는 것을 알면서도 끊지 못하는 전형적인 중독성 행동을 보였다.

이러한 경험을 직접 목격한 나는 당뇨병, 고혈압, 고지혈증과 같은 대사장애와 심혈관 질환을 근본적으로 해결하려면 음식중독의 메커니즘을 이해해야 한다는 확신을 갖게 되었다. 따라서 2015년부터 임상 진료를 중단하고 연구에만 집중하고 있다. 지난 10년간의 연구를 통해 음식중독의 덫이 사회와 우리 삶에 점점 더 깊숙이 자리 잡고 있음을 깨달았다.

배고픔은
우리 인생의 축복이다

내 인생의 목표는 이 원리를 밝히는 것이다. 이 강력한 힘, 배고픔과 식욕의 실체는 무엇인가? 그 강력한 조급함은 무엇이 만드는가? 뇌 속의 어떤 힘이 우리를 끌고 가는가? 심혈관계 질환 환자는

먹어야 한다는 경고와 먹는 욕망의 굴레 덕분에 우리는 에너지를 지키며 살아있다.

자신을 죽음으로 이끄는 줄 알면서도 왜 병에 걸리게 한 음식을 끊지 못하는 걸까? 후회할 줄 알면서도 왜 정신을 놓고 먹는 걸까? 왜 우리는 배고픔이라는 고통에 매일 시달리고, 식욕의 굴레에 노예처럼 끌려다니는가?

이 고통의 굴레가 주는 가르침 없이는 우리는 우리의 몸을 지킬 수 없다. 이 고통과 굴레는 축복이다. 다른 대부분의 통증이 우리를 살아 있게 만드는 축복인 것처럼, 배고픔이라는 고통과 먹는 욕망의 굴레는 축복이다.

먹어야 한다는 경고와 노예처럼 끌고 가는 욕망의 굴레 덕분에 우리는 에너지를 지키며 살아 있다. 인류뿐만 아니라 진화를 거쳐 온 모든 동물은(스스로 에너지를 만들지 못하고 타자로부터 에너지를 빼앗아 와야 하는 생물) 이 고통의 굴레가 주는 가르침 덕분에 살아왔다.

과학자들은 배고픔과 식욕에 관하여 많은 것을 알아냈다. 특히 시상하부의 일부분인 궁상핵arcuate nucleus에 있는 AgRP(Agouti related peptide, 뇌 시상하부에 있으며 식욕 조절에 관여하는 뉴런)신경이 대표적이다. 배부른 시기에는 AgRP신경은 활성 스파이크를 거의 만들지 않는다. 하지만 오랜 시간 동안 굶겨서 에너지를 부족하게 하면 AgRP신경은 활성 스파이크를 매우 빠른 속도로 지속적으로 만들어 뇌 전체에 신호를 보낸다.

우리 뇌에 배고픔 신호가 켜지면 마치 전쟁을 알리는 경고 알람처럼 뇌는 경고한다.

"비상! 비상! 비상! 응급상황이다! 에너지가 부족하다! 비상! 비상! 다른 모든 일을 중단하고, 다른 사안에 대해 관심을 끊고 부족한 에너지를 해결하는 데 최우선 순위로 두어라! 추위도 더위도 고통도 잡아먹힐 위협도 무시하라! 번식할 짝을 만날 때도 아니다! 생존이 걸렸다. 오로지 먹는 것에만 집중하라!"

배고픔이라는 고통이 얼마나 중요한 축복인지를 증명하는 실험이 있다. 디프테리아 독소를 사용해서 선택적으로 AgRP신경만을 골라서 파괴한 실험이었다. 배고픔으로부터의 해방인 것이다. 이 신경을 파괴하면 더 이상 배고픔의 고통을 느끼지 않는 동물이 된다.

AgRP신경이 파괴되어 배고픔의 고통으로부터 해방된 동물은 어떻게 되었을까? 죽었다. 파괴된 날로부터 점점 먹는 양이 줄어들더니 죽고 말았다. 배고픔이 없으면 죽는다.

최신 신경과학 도구들은 더 많은 것을 알려준다. 특정 파장 레이저에 반응하는 이온채널을 사용하는 광유전체optogenetics 방법을 통해, 살아 움직이며 돌아다니는 동물에게 인위적으로 계획한 순간에 AgRP신경을 실시간으로 활성화시키거나 억제시킬 수 있게 되었다. 또한, 신경활성 정보를 칼슘농도 변화를 통해 형광 밝기 크기로 감지해내는 생체 칼슘 이미징in vivo calcium imaging 방법을 사용하면 살아 움직이며 돌아다니는 동물에게서 AgRP신경의 활성 스파이크를 측정할 수 있게 되었다.

광유전체 방법으로 AgRP신경을 활성화시키자 놀라운 일이 발생했다. 충분히 배가 불러 더 이상 먹지 않던 쥐가 다시 먹기 시작한 것이다. 또한 AgRP신경을 활성화시키자 전기 충격이 있는 방에서 신체적 고통도 이겨내며 참고 가서 먹고, 먹는 것 외의 다른 행동을 하지 않고 먹는 행동에만 집중했다. 최면술에 걸린 것처럼 쥐의 행동을 조종할 수 있다. 우리 연구실에서도 수많은 실험에서 AgRP신경을 광유전체 방법으로 조작하며 배고픔의 실체를 밝히고 있다.

학계가 들썩인
놀라운 실험 결과

이런 여러 연구 결과는 AgRP신경이 바로 배고픔과 식욕의 실체라고 말하고 있었다. 모든 것이 밝혀진 것 같았다. 그런데 2015년 학계는 깜짝 놀라게 된다. 신경과학학회Society for Neuroscience 구연 발표장에서 놀라운 결과가 발표되었다. 당시 나도 그 현장에 참석해 있었다. 생체 칼슘 이미징 방법으로 AgRP신경을 관찰하는 실험에서 배고픈 쥐에게 사료를 주자 놀라운 일이 벌어졌다. AgRP신경이 배고픔과 식욕을 담당한다고 생각한다면, 사료를 어느 정도 먹고 나서 배고픔이 사라지고 배부름이 찾아오면 그때 AgRP신경의 활성이 감소할 것으로 기대하는 것이 당연했다.

그런데 놀랍게도 사료를 제공해주자 아직 근처에 가지도 않았고 먹기 시작도 안 했는데 사료를 제공한 그 시점에 즉시 AgRP신경은 신속하게 억제되기 시작했다. 나를 비롯한 모든 청중은 깜짝 놀랐다. 발표가 끝나고 이 분야 모든 연구자가 동그랗게 둘러싸고 자리를 뜨지 못한 채 질문하던 시간이 아직도 기억에 선하다.

이 연구를 발표하고 과학저널 〈셀Cell〉에 출판한 샌프란시스코 캘리포니아 주립대UCSF 나이트Knight 교수 연구팀 외에도, 같은 해에 자넬리아 연구소Janelia Research Campus의 스콧 스턴슨Scott Sternson 교수 연구팀은 같은 결론의 내용을 〈네이처〉에 발표했으며, 하버드 대학의 마크 안더만Mark L. Andermann 교수 연구팀은 같은 결론의 내용을 〈이라이프eLife〉에 발표했다.

AgRP신경이 배고픔과 식욕을 담당한다면, 음식을 먹기 시작하기도 전에 음식을 발견하기만 해도 AgRP신경의 활성이 감소하는 것은 모순적인 결과다. 과연 AgRP신경이 실제 담당하는 것이 무엇일까? AgRP신경은 음식을 찾을 때까지 사냥하게 하는 역할을 하다가, 음식을 발견하면 억제된다고 해석하는 연구자도 있고, AgRP 신경 활성이 억제되어도 여전히 남아 있는 작은 활성이 섭식행동을 하게 하는 역할을 한다고 해석하는 연구자도 있다. AgRP신경의 역할에 대해 여러 논쟁이 학계에 있다.

내가 연구한 결과에서는, 배고픔과 식욕은 보통 동시에 작용하여 같은 느낌이라고 오해할 수도 있지만 실제로는 배고픔과 식욕은 구분할 수 있는 다른 감정이라는 점에 주목한다. 배고픔 없이도 디저트 식욕이 높을 수 있고, 전쟁터 같은 상황에서는 배고픔은 강해도 식욕은 없을 수도 있다. 그래서 배고픔과 식욕을 구분할 수 있는 여러 실험 결과를 통해서 AgRP신경은 식욕을 담당하지는 않고 배고픔을 담당한다는 것을 증명하였고, 식욕은 외측 시상하부 lateral hypothalamus의 렙틴 수용체 신경 Leptin receptor neuron이 담당한다는 것을 증명하였다.[8]

음식이 부족하면
더 살이 찌는 이유

비만은 음식이 풍성해서 생긴다고 생각하기 쉽다. 하지만 현실은 반대다. 음식이 부족하고 불안정하여 생기는 음식 불안정 food insecurity이 더 비만을 유발한다. 수많은 연구 결과에서 비만이 심각한 사람들은 부유하고 음식이 풍족한 사람들이 아니었다. 가난하고 풍족한 음식을 안정적으로 확보할 수 없는 사람들에게 심각한 비만이 발생하고 있다.

특히 어린 시절 음식 공급이 불안정한 환경에서 예측 불가능하게 극심한 배고픔을 자주 경험하며 자라온 사람들의 경우 심각한 비만이 발생했다. 언제 또 장시간 극심한 배고픔에 시달릴지도 모른다는 불안은 우리 뇌가 음식을 대하는 태도를 완전히 다르게 만든다. 극심하게 배고픈 고통을 반복적으로 경험하고 나면 얼마나 오래 기다려야 음식을 먹을 수 있을지 알 수 없기에 음식이 주어지면 적절한 정도만 먹지 않고 최대한 많이 먹어두게 된다. 배가 터질

극심한 배고픔을 반복적으로 경험하고 나면, 먹을 수 있을 때 최대한 밀도가 높은 고열량 음식을 먹어야 살아남을 수 있다는 공포 기억이 형성된다. 위급한 상황에서 밀도가 낮은 채소와 같은 음식을 먹는 건 위험한 일이다.

때까지 먹는 것이다. 그래야 안심이 된다.

먹을 수 있을 때 최대한 에너지 밀도가 높은 과자, 아이스크림 등 고열량 음식들을 먹어야 살아남을 수 있다는 공포 기억이 형성되는 것이다. 위급한 상황에서 에너지 밀도가 낮은 채소 같은 음식을 먹는 것은 너무 위험한 일이다. 고열량 음식을 최대한 많이 먹는 습관이 어린 시절 형성되면 소아비만과 나아가 심각한 성인비만으로 이어진다.

나는 음식 불안정과 관련하여 매우 흥미로운 경험을 한 적이 있다. 어느 비 오는 날 비행기를 탔다. 금방 이륙할 것처럼 준비를 하다가, 활주로 문제로 10분 후 이륙한다는 안내 방송이 나왔다. 그러나 10분 후에는 또 다시 10분 후에 출발한다는 방송이 나왔다. 약간 비행기가 움직이다가 다시 또 연기되었다.

비는 계속 내렸고 이륙도 계속 연기되면서 6시간 이상 지체되었다. 곧 이륙할 것이었기에 일어날 수도 없었고, 승무원도 간식 등을 줄 수가 없었다. 아무런 준비 없이 비행기를 탔기에 가지고 있는 음식도 없었다. 또 얼마나 더 출발이 연기될지 기약이 없었다.

나는 10시간 정도 굶은 상태였다. 물리적으로도 배가 고팠지만, 언제 먹게 될지 전혀 예상하거나 계획할 수 없다는 점이 나를 더 불안하게 만들었다. 평소에는 냉장고나 편의점이 늘 근처에 있었기에 음식에 대한 안정감이 있었다. 계획할 수 있었고, 예상할 수 있었고, 먹을 수 있었다. 내 손 안에 내 계획대로 조절할 수 있는 주도권이 있었다. 하지만 6시간 이상 이륙하지도 않고 내릴 수도 없는 비행기 안에서는 아무것도 예상하거나 계획할 수 없었다.

흥미롭게도, 음식 불안정을 한 번 경험한 이후로는 공항만 봐도 배가 고파지고 음식을 미리 준비해서 가방에 넣어야 한다는 불안감이 생겼다. 비행기를 타기 전에 최대한 많이 먹고 비행기 안에서도 기회가 있을 때마다 많이 먹는다. 언제 또 못 먹을지 모른다는 생각이 나를 지배한다. 이렇게 음식 불안정은 우리의 의식적·무의식적 세계에 지대한 영향을 미친다.

빈부격차에 의한 비만 문제는 현재 미국뿐만 아니라 우리나라에서도 벌어지고 있다. 나는 소아비만 해결을 위해 학교를 방문해서 교육 활동을 한 적이 있다. 부모님들과 학생들을 교육하는 활동을 하던 중에 나는 심각한 문제를 발견했다. 잘 사는 지역에 있는 학교를 방문했을 때에는 부모님들이 교육에 많이 참여해서 어떤 양질의 음식을 준비해야 아이들을 비만에서 예방할 수 있을지 관심이 많았다. 좋은 음식들이 충분히 제공될 것으로 보였다.

그런데 가난한 지역에 있는 학교를 방문했을 때에는 정반대 현상을 볼 수 있었다. 부모님들이 오지 않았다. 그분들은 모두 맞벌이를 하느라 학교 활동에 참여할 여유가 없었다. 나는 소아비만 예방에 관심이 많은 학교의 영양사와 추가로 할 수 있는 일들을 논의하는 와중에 또다시 충격을 받았다. 이 학교의 아이들은 하교하여 귀가해도 집에 아무도 없는 경우가 대부분이라고 했다. 달리 학원을 가거나 놀러 갈 수도 없다고 했다. 집에 혼자 있어 외로운 아이들을 달래기 위해 저렴한 과자와 라면들을 사둔다고 했다. 에너지 밀도가 낮고 비만 예방에 좋은 채소 같은 음식을 준비해줄 사람이 없었다. 또 이런 과자나 라면도 부족해서, 언제 올지 모르는 부모님을 기다리다가 극심한 배고픔을 견디지 못하고 폭주하듯이 먹는 일을 반복하는 아이도 많았다.

불안하면
더 중독된다

내가 참석한 세계섭식학회에서도 음식 불안정이 해로운 식습관과 비만을 유발한다는 배부름 불안정감satiety insecurity에 대한 연구 결과가 발표되었다. 배부름 안정감satiety security은 "지금 이 음식을 먹으면 다음 식사 때까지 앞으로 4시간은 든든하게 배부름이 유지되겠지?"라는 음식에 대한 배부름을 기대하는 마음이다. 이런 든든한 안정감이 있어야 식사를 중단할 수 있다.

하지만 반대로 배부름 불안정감은 배부름이 유지되지 못하고 다시 또 배고픔의 고통이 찾아올 것이라는 불안한 마음이다. 어린 시절 음식 불안정을 경험하며 지내는 경우, 이런 배부름 불안정감도 높아지게 되어서 "좀 더 많이 먹어두지 않으면 나중에 극심한 배고픔 고통에 괴로울지 몰라"라는 심정으로 지나치게 많이 먹게 될 수 있다는 연구 결과였다.

동물실험 연구결과에서도 이러한 중독 기전이 증명되었다. 맛있

푸드스탬프Food Stamp로 알려진 미국의 보충 영양 지원 프로그램SNAP: Supplemental Nutrition Assistance Program은 대표적인 공적 부조 중 하나로 저소득층을 위한 식품 지원 프로그램이다.

는 쾌락적 고지방식이를 준비해둔다. 한 실험군에는 매일매일 언제나 충분히 먹을 수 있도록 고지방식이를 많은 양 제공했다. 다른 실험군에는 예상할 수 없는 때에 아주 짧은 수분 동안만 고지방식이를 먹을 수 있도록 제공했다.

가볍게 생각해보면 고지방식이를 언제나 자유롭게 먹은 쥐들에게서 음식중독이 더 심하게 발생할 것 같지만, 결과는 그 반대다. 예상할 수 없는 때에 아주 짧은 시간만 먹을 수 있도록 허용한 쥐들에게서 훨씬 더 강하게 음식중독이 발생했다. 고지방식이가 제공되는 순간 무서운 속도로 매우 빨리 먹는 폭식 현상도 관찰되었다. 언제 또 맛있는 음식을 먹을 수 있을지 알 수 없으니, 기회가 생겼을 때 최대한 빠르게 많이 먹게 되는 것이다. 불안하면 더 중독된다.

현대 비만 해결을 위한 정책은 이런 음식 부족food insecurity을 해결하는 방향으로 진행되고 있다. 미국에서는 가난한 가정을 위해 양질의 음식을 배급해주는 사업들을 활발하게 하고 있다(SNAP 사업). 빈부격차와 상관없이 어느 아이도 배고픔과 불안에 떨다가 중독적 폭식을 하지 않도록 음식 안전 사회food secure society를 만들어야 비만의 사회적 문제가 해결될 것이다.

구체적으로는 굶는 아이가 없어야 한다. 경제적으로 어려움이 있고, 특히 부모님의 돌봄을 충분히 받지 못할 위험이 있는 아이들의 경우에는 사회가 양질의 음식을 안정적으로 항상 공급하는 사업을 해야 한다. 학교 급식이나 간식에서도 빈틈이 없이 모든 아이들에게 안정적으로 양질의 식사와 간식이 제공되어야 한다.

청년, 장년, 노년에서도 음식을 살 돈이 없어서 불안에 떠는 경우가 생기지 않도록 사회복지사업에서 폭넓은 안정적 지원을 해야 한다. 이런 사회적 투자는 윤리적으로 옳은 일일 뿐만 아니라, 보건 사회적 부담의 측면에서도 앞으로 우리 사회가 감당하게 될 문제를 미리 예방할 수 있어 경제적으로도 매우 도움이 되는 투자다.

개인적인 차원에서는 이런 음식 불안정을 유발할 위험 요소들을 미리 발견하고 안정적으로 대비하는 것이 좋다. "없으면 굶고 말지" 하는 심정으로 지나치게 무대책으로 지내는 것은 좋지 않다. 의식세계 수준에서는 "난 괜찮아"라고 할지 모르지만, 무의식세계에서는 "언제 또 굶을지 모른다. 먹을 수 있을 때 과도하더라도 일단 최대한 많이 먹어두자"라는 심정이 만들어진다.

 자신의 생활습관에 잘 맞는 방식으로 적절한 시간 간격에 음식을 안정적으로 준비하고 먹는 습관을 들이는 것이 좋다. 자신을 학대하지 말자. 자신을 보호하는 무의식 세계가 고생하고 지나치게 민감해진다.

5부

비만이
우리 삶에
미치는 영향

과거에 비만은 부유한 삶의 상징으로 여겨졌다.
그러나 지금은 치료의 대상이 되었다.
몸에 축적되는 에너지 과잉은
우리 인생에 어떤 영향을 끼치는가?

비만은
부끄러운 일인가?

최형진

우리의 욕구와 선호도는 조작된다.

비만, 음식중독, 과소비, 도박, 흡연…

사회에 만연한 문제들은 오로지 개인의 자유의지와

필요에 의한 결과일까?

왜 비만을
부끄럽게 여길까?

비만 낙인은
자기조절능력을 떨어뜨린다

    현대사회에는 체형과 관련하여 사회적인 비난과 문화적 조롱이 만연해 있다. 특히 가장 민감하고 치명적인 상처를 줄 수 있는 가까운 가족에게 이러한 비만에 대한 낙인을 받는 경우가 많다. "너 그 꼴로 연애나 하겠니?" "너 때문에 부끄러워서 같이 다닐 수가 없다" "하하하, 배 나온 것 좀 봐" 등 가족이나 가장 가까운 친구들이 체형을 조롱거리로 삼는 일은 우리 주변에 너무나 흔하다.

    대중매체, 영화, 예능 등에서도 아주 마른 몸매의 연예인들만이 아름다운 대상으로 추앙된다. 특히 우리나라가 심하다. 미국 등 다른 나라에는 마른 몸매의 연예인들과 함께 균형 잡힌 건강한 체형의 연예인들도 매력으로 인정받고 사랑받고 있으나, 우리나라는 편향되어 마른 몸매의 연예인들만 사랑받고 있다. 대중매체에서는 비만한 체형인 연예인을 조롱의 대상으로 삼는 예능 프로그램이 아무런 비판 의식 없이 방송되고 있다. 오직 마른 몸매를 선택할 수밖에 없는 연예계에서 연예인들은 점점 더 마른 몸매를 가지기 위해 소속사를 통해 가혹한 관리를 받는다.

의학적으로는 비만을 치료하는 수단으로 사회적 낙인과 압력을 이용하자는 주장이 있다. 실제로 많은 의료인들은 진료 현장에서 비만 환자들에게 체중과 체형에 대해 비난하고 의지가 부족해서라며 죄인 취급하는 경향이 있다.

과연 이런 비만 낙인은 비만을 치료하는 동기부여의 효과가 있을까? 최근 여러 연구에서는 정반대의 결과들이 발표되고 있다. 비만에 대해 낙인하고 사회적 압력과 스트레스를 주는 것은 결국 더 심한 심리적 스트레스와 왜곡된 생각 흐름, 과도한 섭식억제 성향을 만든다. 이런 스트레스와 뒤틀린 사고는 음식에 대한 갈망을 부추기고 자기조절능력을 만드는 데 방해가 된다.

과도한 스트레스는 자기조절능력을 저하시키고, 과도한 음식 갈망과 폭식을 초래한다. 한 코호트 연구에 따르면 어린 시절 체형 관련 낙인을 경험했던 사람은 성인이 되어 비만이 될 확률이 62% 높았다. 어린 시절 실제 체형과 관계없이 체형 낙인을 경험하면 스트레스와 뒤틀린 사고를 유발하여 해로운 섭식행동을 하게 하고 비만하게 만든다. 또 다른 연구에서는 일상생활 중에서 비만 낙인 스트레스를 느꼈을 때에는 평소보다 1단위 더 먹는 것으로 나타났다.

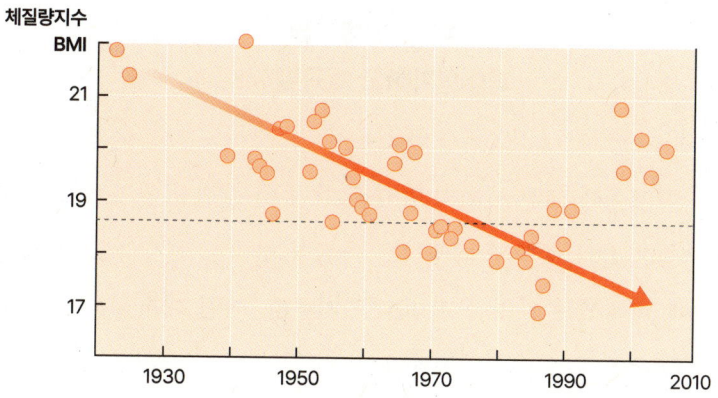

미스아메리카의 체질량지수가 1900년대 초기부터 지금까지 점점 더 낮아지고 있다는 연구결과가 있다. 사람들은 점점 더 마른 몸매를 추앙해왔다.

역사적으로 인류는 점점 더 마른 몸매를 추앙하고 있다. 과거 구석기 시대에는 풍만한 몸매가 풍요의 상징이자 아름다움과 추앙의 대상이었던 것에 비해, 지금은 마른 몸매가 부의 상징이자 아름다움과 추앙의 대상이 되었다. 미스아메리카의 체질량지수가 1900년대 초기부터 지금까지 점점 더 낮아지고 있다는 연구 결과도 있다.

왜 자기 체형을
과대평가하고 왜곡할까?

마른 체형에 대한 사회적 압력은 점점 더 강력한 인지적 왜곡을 만든다. 자신의 체형에 대해서는 가혹한 잣대로 인지하고, 타인의 체형에 대해서는 관대한 잣대로 인지한다. 이런 대화들을 주변에서 흔히 들을 수 있다.

"언니, 왜 이렇게 살이 빠졌어요? 옷맵시가 완전 모델이에요."

"무슨 말이니? 요즘 살이 뒤룩뒤룩 쪄서 속상해 죽겠는데. 너야말로 몰라보게 살 빠졌다."

"놀리지 말아요. 이제는 하도 살이 쪄서 맞는 옷이 하나도 없어요. 언니만큼 살 빠지면 소원이 없겠어요."

나는 우리나라 전국의 대표성 있는 1,000명을 대상으로 자신의 체형(비만 혹은 저체중)에 대한 인식을 조사해 연구했다. 실제 자신의 상태보다 더 뚱뚱하다고 과대평가하고 있는 사람(예: 정상 체중인데 자신이 뚱뚱하다고 인식하는 경우, 저체중인데 자신이 정상 체중이라고 인식하는 경우)의 비율과 실제 자신의 상태보다 더 말랐다고 과소평가하고 있는 사람(예: 정상 체중인데 자신이 저체중이라고 인식하는 경우, 비만 체중인데 자신이 정상 체중이라고 인식하는 경우)의 비율을 조사했다.

흥미롭게도 남성과 여성이 정반대 결과를 보였다. 여성의 24.90%는 실제 자신의 체형보다 자신이 더 뚱뚱하다고 인식하고 있었다.

반면 남성은 39.30%가 실제 자신의 체형보다 자신이 더 말랐다고 인식하고 있었다. 남성은 대체로 과체중이나 비만한 사람들이 자신의 체형을 정상이라고 인식했고, 여성은 대체로 정상인 사람들이 자신의 체형을 과체중이나 비만이라고 인식했다.[1]

이런 체형 왜곡 인지와 정신건강의 연관성을 분석했다. 자신의 체형을 과대평가하고 왜곡하는 여성은 체형만족도가 나쁜 것뿐만 아니라, 식습관에 대한 태도, 삶의 질, 자존감, 불안의 지표 또한 나쁜 상태를 보였다.[2] 이 결과를 바탕으로 전국민 인구 수로 환산해 보면 체형 과대 평가 왜곡 인지를 하고 있는 우리나라 여성의 수는 329만 847명에 해당한다.

여성의 몸매에 대한 왜곡된 인지는 서양보다 아시아에서 특히 우리나라에서 더 심각하다. 과거 다른 연구에서도 서양인에 비해 아시아인들이 체형을 과대 평가하고 왜곡하는 경향이 발표되었다. 또한 서양인에 비해 아시아인들이 방송매체에 등장하는 마른 모델들과 자신을 더 비교하고 마른 체형을 우상화한다는 연구 결과도 있다.

한국 여성과 미국 여성을 비교한 연구에서도 한국 문화가 집단주의 성향이 강하여 서로 외모를 비교하고, 다른 사람들의 평가에 민감하게 반응하며, 마른 체형에 대한 우상화를 촉진한다는 결과도 있다.

나는 텔레비전 퀴즈쇼에서 우승하거나 비만 관련 다큐멘터리 촬영을 하면서 여성 연예인들을 가까이서 만난 경험이 있다. 화면으로 보기에는 밝고 활기 있게 보였던 한 연예인을 실제로 가까이서 만났을 때에는 깜짝 놀랐다. 가슴이 철렁할 정도로 힘이 없어 보이고 불쌍해 보일 정도로 피골이 상접했다. 그 연예인은 막대기같이 뼈만 남아 있는 상태로 힘없이 의자에 기대어 있었다. 촬영이 시작되자 순식간에 돌변하여 밝게 웃으며 진행했지만, 촬영이 끝나자 또다시 의자에 쓰러지듯 앉았다.

의사로서는 곧 죽을 수도 있겠다는 생각이 들 정도로 너무 마른 모습이었다. 그 연예인은 실제로 절식, 폭식, 먹고 토하기까지 하는 거식증과 폭식증 증상이 있었다고 방송에서 고백하기도 했다. 하지만 이런 극단적으로 마른 몸매가 이상적인 아름다운 몸매로 방송매체를 가득 채우고 있다. 이 시대 대부분의 여성들을 비롯하여 10대 아이들에게까지도 이런 몸매가 바람직하고 올바른 표준 몸매라고 사회는 가르치고 있다.

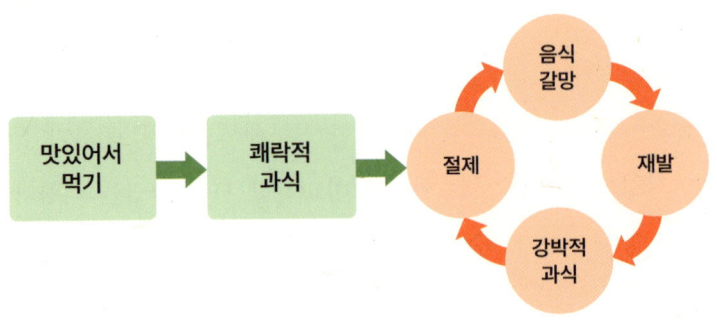

과식을 유발하는 중독 행동 회로

특히 우리나라 여성 연예인들이 다른 나라에 비해서 마른 몸매에 대해 천편일률적으로 획일화된 모습을 보이고 있다. 다른 나라의 연예인들 중에도 마른 몸매인 사람들이 있지만, 반대로 건강한 체형의 연예인들도 많고 아름다운 모습으로 인식되고 있다. 반면 우리나라에서는 건강한 체형의 여성 연예인은 점점 더 찾아보기 어려워지고 있고, 약간 통통한 연예인들도 아름다운 주인공 역할이 아니라, 비웃음과 조롱의 대상으로 희화화되고 있다.

나에게는 초등학교 5학년인 어린 딸이 있다. 어느 날 딸아이에게 충격적인 이야기를 들었다. 같은 반 여자아이들 모두가 "나는 너무 뚱뚱하다"고 이야기한다는 것이다. 게다가 살찌지 않기 위해 먹는 것을 거부하는 양상도 흔하게 관찰된다. 내가 보기에는 대체로 마른 체형의 아이들인데도, 방송매체를 통해 마른 연예인들을 자주 접하고 있기에 자신은 너무 뚱뚱하다고 인식하는 것이다.

마른 체형을 향한 우상화는 먹는 욕망에 대한 과도한 금지와 압박을 만들고, 이런 금지와 압박 속에서 갈망은 점점 더 높아진다. 중복되는 악순환의 고리는 점점 더 심해진다.[3] 지나치게 중독적인 강력한 쾌락적 음식, 마른 체형에 대한 과도한 사회적 압박, 이 2가지가 복합적으로 한 사람을 딜레마에 빠지게 하고 폭주와 자책으로 이어지는 악순환의 고리를 반복하게 한다.

가당 음료를 제한하는
국가들

가당 음료SSB, sugar sweetened beverage를 금지하거나 제한하는 정책은 여러 국가에서 다양한 형태로 시행되고 있다. 개요를 요약하여 살펴보면 다음과 같다.

1. 판매 금지

몇몇 국가에서는 특정 환경에서 가당 음료 판매를 전면적으로 금지하는 정책을 시행하고 있다.

2012년 미국 뉴욕시는 식품 서비스 시설에서 16온스(약 415ml)가 넘는 대형 가당 음료 판매를 금지하려고 시도했지만 결국 법정에서 무산되었다.[4] 미국 내 많은 학교에서는 캠퍼스 내 가당 음료 판매를 금지하고 있다.[5]

2. 세금 부과

가당 음료에 부과하는 세금은 일반적으로 사용되고 있는 정책적 접근 방식이다. 여러 국가와 지방 정부는 가당 음료에 소비세, 수입세, 부가가치세, 판매세를 다양한 세율과 구조로 부과하고 있다.[6]

3. 마케팅 제한

어린이와 청소년을 대상으로 가당 음료 마케팅을 줄이기 위한

2012년 9월 13일, 뉴욕시 보건위원회는 설탕이 많이 함유된 16온스가 넘는 대형 탄산음료 판매를 금지했다.[7]

노력이 이루어지고 있다. 일부 나라에서는 정책적으로 마케팅을 제한하여 가당 음료 소비를 줄이는 것을 목표로 한다.[8] 학교나 어린이 프로그램에서 행해지는 가당 음료 광고를 제한할 수 있다.

4. 라벨링 의무화

정책에 따라 가당 음료에 설탕 함량을 명확히 표시하고, 건강에 유해함을 경고하는 라벨링을 의무화할 수 있다.

5. 학교 내 제한

어린 시절에 형성되는 식습관이 매우 중요하고 이때 만들어지는 음식중독이 가장 치명적이기에 학교는 가당 음료 정책의 일반적인 대상이다. 미국은 많은 주와 학군에서 학교 내 가당 음료 판매를 제한하거나 금지하고 있다.[9] 미국의 연방 규정에 따르면, 현재 국가 급식 프로그램에 참여하는 학교에서는 가당 음료 사용을 제한하고 있다.[10] 학교 기반 정책을 통해 학교 내 가당 음료 접근이 감소한 것으로 나타났다.[11]

6. 직장 내 금지 조치

일부 조직에서는 직장 내 가당 음료 금지 정책을 시행하고 있다. 샌프란시스코 캘리포니아 주립대는 2015년에 캠퍼스 및 의료 시설에서 가당 음료 판매를 금지했다. 직장 내 금지 조치는 직원들의 가당 음료 소비를 크게 감소시키는 것으로 나타났다.[12]

7. 건강에 미치는 영향

가당 음료 제한이 복부 지방 감소와 인슐린 저항성 개선 등 건강에 긍정적인 영향을 미치는 것으로 나타났다.[13]

8. 경제적 고려 사항

가당 음료에 부여하는 세금 등의 정책들은 기업과 저소득층 소비자에게 잠재적으로 부정적인 경제적 영향을 줄 우려가 있다.[14]

하지만 가당 음료에 부과하는 세금의 일부는 건강 프로그램이나 건강 격차를 줄이기 위한 노력에 할당된다.[15]

9. 도전 과제 및 논란

가당 음료를 제재하기 위한 노력들은 법적인 논란 대상이 되기도 한다. 미국 뉴욕시의 분담금 상한제와 같은 정책은 법적 도전에 직면했다.[16] 또한 음료 업계는 가당 음료 규제에 강력히 반대하는 캠페인에 자금을 지원할 수 있다.[17] 가당 음료 정책에 대한 대중의 반응은 엇갈리고 있으며, 일부에서는 정부가 과잉 개입한다고 보고 있다.[18]

결론적으로 가당 음료를 제한하는 정책은 소비를 줄이고 건강을 개선하는 데 어느 정도 가능성을 보였지만, 여전히 논란의 여지가 있으며 시행과 대중의 수용에 있어 상당한 어려움에 직면해 있다. 가장 효과적인 접근 방식은 여러 정책 도구를 결합하고 현지 상황과 이해관계자의 우려를 고려하여 종합적인 정책을 마련하고 충분한 설득 과정을 거치는 것이라 생각한다.

건강한 신체 인식을 장려하기 위한
유럽 국가의 노력들

여러 유럽 국가에서는 신체에 대한 건강한 인식을 장려하고 섭식 장애를 예방하기 위해 지나치게 마른 모델이 패션 업계에서 활동하는 데 대해 규제하는 정책을 시행하고 있다. 이탈리아, 스페인, 프랑스에서 시행하고 있는 규정의 개요는 다음과 같다.

1. 스페인

스페인은 지나치게 마른 모델이 활동하는 데 대해 최초로 조치를 취한 국가다. 2006년 9월 마드리드 패션위크에서는 체질량지수 BMI 18미만[19]인 모델 기용을 금지했다. 이 조치로 스페인은 패션쇼에서 이러한 제한을 시행한 최초의 국가가 되었다.[20] 이 금지 조치는 거식증 모델을 방지하고 패션 업계를 더 건강하게 인식하도록 홍보하기 위한 것이었다.[21] 2007년 스페인 보건부는 주요 패션 소매업체들의 매장 내 마네킹 신체 비율이 영국 사이즈 8보다 작지 않도록 합의했다.[22]

2. 이탈리아

2006년 이탈리아는 패션 업계에서 지나치게 마른 모델 문제를 해결하기 위한 조치를 취했다. 이탈리아 정부와 패션 업계 관계자들이 협력하여 이탈리아의 경쟁력 있는 패션 산업을 위한 자율 규제 규정을 만들었다.[23] 지중해의 '풍만한' 아름다움에 대한 이상을 장려하고 패션 컬렉션에 더 큰 사이즈를 포함시키는 것을 목표로 했다.[24] 이 캠페인은 스타일리스트, 모델 에이전시, 사진작가, 메이크업 아티스트의 참여를 유도하여 지나치게 마른 모델이[25] 만연하지 않도록 단결했다. 이탈리아의 패션 중심지인 밀라노는 16세 미만인 모델과 체질량지수 18.5미만인 모델이 패션쇼에 참가하지 못하도록 금지하는 협약을 체결했다.[26]

3. 프랑스

프랑스는 모델의 건강 및 신체와 관련하여 가장 엄격한 규정을 시행하고 있다. 2015년 프랑스 정부는 모델에게 신체 건강을 증명하는 진단서를 제출하도록 요구하는 법안을 통과시켰으며, 특히 체질량지수[27]에 각별한 주의를 기울였다. 이 법을 준수하지 않는 고용주는 최대 6개월의 징역형과 7만 5,000유로[28]의 벌금형에 처해질 수 있다. 또한 이 법은 2017년 1월 1일부터 보정된 모델의 상업용 사진에 '보정된 사진'이라는 문구를 반드시 표시하도록 규정하고 있다.[29] 보정된 사진에 대한 법률을 위반하면 최소 3만 7,500유로 또는 광고에 사용된 금액의 최대 30%에 해당하는 벌금이 부과될 수 있다.[30]

이탈리아, 스페인, 프랑스에서 시행하는 이러한 규정은 패션 업계의 비현실적인 신체 기준이 공중 보건, 특히 섭식 장애에 미칠 수 있는 영향에 대한 인식이 높아진 것을 반영한다. 이러한 정책을 시행함으로써 이들 국가는 보다 건강한 신체 이미지를 장려하고 패션계에서 극단적인 마른 몸매가 미칠 수 있는 부정적인 영향으로부터 모델과 일반 대중 모두를 보호하는 것을 목표로 한다.

날씬한 몸은 승리자,
뚱뚱한 몸은 실패자라는 낙인

　우리나라도 이와 같은 정책적 노력이 있었다. 2019년 여성가족부가 '성평등 방송 프로그램 제작 안내서' 개정판에 부록으로 '다양한 외모 재현을 위한 가이드라인'을 발표했다. 출연자들의 외모 획일성이 심각하기에, 비슷한 외모의 출연자들이 과도한 비율로 출연하지 않도록 하자는 가이드라인이다. 하지만 당시 여론과 정치계 등에서 정부가 아이돌 외모를 규제하는 것이 적절하지 않다고 비난했다.

　하지만 현재 우리 사회에서 미디어가 체형 인지 왜곡과 섭식장애를 유발하는 문제는 심각한 수준이다. 중학생 등 학창시절에 아이돌 안무 영상을 보는 취미로 시작해서, 본인의 SNS에 자신의 안무 영상을 올리는 경우가 흔하다. 이런 경우, 아이돌보다 뚱뚱하다는 익명의 댓글들과 지인들의 비판을 받기도 한다. 이 과정을 통해 자신의 신체에 불만을 느끼고, 그 결과 살이 찔까 봐 먹는 것 자체를 심각하게 두려워하는 섭식장애가 시작되는 경우가 많다.

　더 나아가 먹지 않고 참다가 갑자기 폭식하고 다시 토하는 일을 반복하기도 한다. 이렇게 성장기 청소년이 지나치게 마른 몸매를 선망하면서 섭식장애로 발병하는 경우가 계속 증가하고 있다. 2022년 보건복지부의 조사에 따르면, 섭식장애 유병률은 6~11세 소아의 1%, 12~17세 청소년의 2.3%이다. 특히 이런 현상은 여성 청소년에서 심각하여 여성 청소년 유병률은 3.0%, 남성 청소년 유

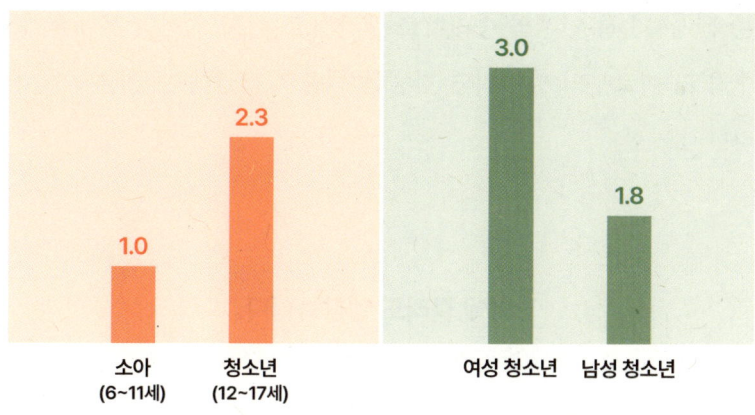

소아·청소년 섭식장애 평생 유병률 현황(좌), 섭식장애 앓는 청소년 중 성별에 따른 비율(우). 2022년 기준 전국 6세 이상 7세 이하 소아·청소년 6275명 대상으로 조사. (단위: %)[31]

병률은 1.8%였다. 2022년 건강보험심사평가원의 자료에서 '신경성 식욕부진'으로 병원을 찾은 10대 환자는 598명으로 모든 연령대에서 가장 높았다. 특히 10대의 93%가 여학생이었다. 섭식장애는 대인기피증, 우울증, 자해와 연관되기도 하고, 학교 자퇴로 이어지기도 한다.

외모에 대한 심리적 집착에서 더 나아가, 유튜브 콘텐츠와 SNS에서는 '찬성'을 뜻하는 Pro-와 '거식증Anorexia'에서 딴 Ana를 합성한 '프로아나proana'라는 용어가 유행하고 있다. 말뜻 그대로 거식증에 걸리기를 희망하며 치료를 거부하고 극단적인 저체중을 만들려는 경향으로 발전한 사람들을 가리킨다.

우리나라에서는 '뼈말라'라는 용어도 사용되고 있다. 이들은 마른 몸매일수록 인생의 승리자로 생각하고, 아사 직전의 몸매를 추구하고, 이로부터 멀어지면 하등한 인물로 취급하는 경향까지 나타나기도 한다.

"병에 걸려도 괜찮습니다.
고통을 덜어주는 약이 있으니까요"

음식중독과 관련하여 현대사회에서 가장 중요한 보건의료 문제인 비만과 당뇨를 극복하기 위하여, 2012년 예일대 심리학과 켈리 브라우넬Kelly Brownell 교수는 저명한 정신과 저널 〈생물정신의학회지Biological Psychiatry〉 논평에서 효과적일 수 있는 식품 기반 정책으로 다음 방법들을 제시했다.

- 초대형 사이즈 식품 이용 가능성 줄이기
- 중독성 식품에 세금 부과
- 접근 제한 (예: 학교 자판기 내 식품의 영양 기준)
- 어린이를 대상으로 한 중독성 식품의 마케팅 제한
- 저소득층 지역에 공급되는 식료품에 대한 재정적 인센티브 제공
- 더 건강한 식품 옵션에 보조금 지급
- 학교 및 학교 급식 프로그램에서 중독성 식품 제거
- 중독성 식품을 판매하는 공급업체의 수를 제한하는 구역 설정

2012년 대사생물학 분야에서 저명한 저널인 〈세포 대사Cell Metabolism〉에서 존스홉킨스 신경과학과 마크 맷슨Mark Mattson 교수는 다음과 같은 논평을 했다. 그의 리뷰가 시사하는 바가 크므로 글의 일부를 소개한다.

"우리 사회는 왜 어린이들이 고통받고 건강이 악화되는 삶을 살아가고 있음에도 불구하고 대사성 이환률과 이와 관련된 많은 질병의 확산에 신속하고 강력하게 대처하지 않았을까요? 만성적인 에너지 불균형을 경험하는 개인이 늘어나는 이유는 분명하지만, 이 문제에 대한 해결책은 주요 산업계의 저항과 정부의 주저로 인해 난관에 부딪혀 있습니다. 과식하고 앉아서 생활하는 라이프스타일의 확산은 다음과 같은 요소들이 결합하여 발생했습니다.

(1) 설탕과 지방이 가득한 식품을 생산하는 농업 및 식품산업
(2) 걷거나 자전거를 탈 필요가 없는 교통수단의 확산
(3) 수작업을 최소화하는 기계의 발명
(4) 많은 사람이 의자에서 벗어나지 않고 업무를 수행할 수 있는 컴퓨터와 인터넷
(5) 1차 예방 요법을 개선하고 실행하는 대신 약물 기반 치료를 강조하는 제약산업 및 의생명분야 연구 지원 기관

식품, 농업, 제약 업계는 정부 관계자들에게 자신들의 산업이 지역 경제에 미치는 이점을 강조합니다. 미국의 패스트푸드 산업은 작년에 1,600억 달러 이상 수익을 올렸으며, 섬유질과 영양소가 부

족한 식품을 판매하는 기업들도 마찬가지입니다. 제약회사는 과식과 좌식으로 인해 발생하는 만성 질환 증상을 완화하기 위해 매일 복용하는 약을 개발하여 가장 많은 수익을 올렸습니다. 안타깝게도 제약회사들은 질병을 예방하기 위한 홍보에는 거의 관심이 없으므로 건강관리에 대해 해로운 태도를 추구합니다: "당뇨병, 고혈압, 심혈관 질환, 관절염, 신경 퇴행성 질환에 걸렸어도 괜찮습니다. 고통을 덜어줄 수 있는 약이 있으니까요." 미국 제약회사들은 매년 2억 달러 이상을 의회에 로비하고 연방 공직 후보자들의 선거운동을 지원하는 데 지출합니다. 일상생활에서 건강한 식습관과 운동습관을 익히는 기회를 늘리고, 이에 반하는 이익 중심의 세력을 극복하는 것은 우리 사회가 직면한 가장 중대한 과제 중 하나입니다. 개인이 자신의 건강에 해로운 라이프스타일에 대한 자제력과 절제력을 상실하고 나면 되돌리기란 어려운 일입니다. 과식과 비만은 음식에 대한 중독으로 인해 발생할 수 있으며, 이는 뇌 영상 및 신경화학 데이터에서 명확하게 입증되었습니다.[32] 따라서 음식 섭취를 제한할 수 없는 과체중 환자는 재활센터에 입원하여 IER 및 운동 요법에 따라야 합니다."

당신의 욕망은
'그들의 이익'을 위해 만들어졌다

우리의 욕구와 선호도는 조작된다. 식품산업은 우리가 더 많이 소비할수록 더 많은 이익을 얻는다. 우리는 필요에 의해 음식을 먹지만, 식품산업은 쾌락이 과도한 소비를 유도하는 경우가 많다. 그들은 더 많은 쾌락을 제공함으로써 우리의 중독을 조장한다. 현재 우리의 욕구와 선호도가 이윤을 추구하는 산업에 의해 만들어졌다는 사실을 인식하는 것이 이 문제를 해결하기 위한 첫걸음이다.

자본주의 산업계와 뇌과학자 간의 지속적인 투쟁 속에서, 사회가 합의한 일반적인 규제를 통해 사회는 진화해왔다. 한때 합법화되었던 아편과 한때 금지되었던 알코올이 그 예다. 오늘날 마리화나의 지위는 지역과 시대에 따라 다르다. 도박은 특정 지역과 상황에 따라 제한적으로 허용된다. 코카인은 1914년까지 미국에서 합법적이었으며, 1903년까지 콜라에는 코카인이 함유되어 있었다.

이윤을 추구하는 산업의 동기는 현대사회의 초석이며, 이윤을 위해 소비를 늘리도록 요구한다. 산업의 조작을 통해 우리는 필요 이상의 소비를 강요당한다. 약물 남용, 알코올 중독, 흡연, 도박, 과소비, 비만, 음식중독 등 현대사회에 만연한 문제들이 오로지 개인의 자유 의지와 필요에 의한 결과일까? 우리에게 아편이 필요하지 않은 것처럼, 이러한 '비본질적이고 오염된 쾌락'들은 필요하지 않다. 만들어진 필요와 행복으로부터 해방되면 우리는 보다 진정한

코카인은 1914년까지 미국에서 합법적이었으며, 1903년까지 콜라에는 코카인이 함유되어 있었다.

행복의 원천으로 우리의 관심과 시간을 집중할 수 있다.

역사적으로 이러한 중독으로 이익을 얻는 산업은 중독을 개인의 선택의 문제라고 정당화해왔다. 그러나 뇌과학자들과 사회운동가들은 이런 악의 축에 맞서 과학과 논리로 싸워왔다. 자본주의가 만들어낸 중독으로부터 사회를 건강하게 지키고 과도한 방종을 억제하기 위한 규제들을 제정해왔다. 성공적으로 사회를 건강하게 이끌어왔고, 앞으로도 더 건강하게 만들 것이다. 우리 몸을 병들게 하고 있는 욕망의 문제에 대한 이해를 바탕으로 개인적으로 더 건강한 삶을 살고, 우리 사회도 더 건강하게 발전해갈 수 있기를 희망한다.

돈을 벌기 위한 달콤한 전략에 속지 말자

그렇다면 개인과 사회는 어떻게 해야 할 것인가?

개인 차원에서, 자신이 속한 사회와 문화가 얼마나 편향되어 있는지를 깨닫는 것이 필요하다. 여러 산업이 돈을 많이 벌기 위해 편향된 가치관을 세뇌하고 있다는 사실을 알고 있어야 한다.

이 사회가 탐욕으로 세뇌시킨 일부 사람들이 자신의 세뇌되어 편향된 생각으로 당신에게 비만 낙인을 찍으려 할 수도 있다. 때로는 무례한 모습으로, 때로는 돕고 싶은 마음의 모습으로 우리에게 마른 몸매를 강요할 것이다. SNS에서 익명의 누군가가, 혹은 오래간만에 만난 동창이, 혹은 신뢰하고 의지하는 가족이나 친구가 자신의 세뇌된 가치관에 근거하여 몸을 비판할 수도 있다.

이러한 비난은 우리를 아프게 한다. 언제 들어도 뼛속 깊은 아픔과 자괴감을 들게 한다. 나는 2024년 〈유 퀴즈 온 더 블록〉에 출연해 식욕과 비만에 관하여 이야기를 했었다. 유튜브에 공개된 영상에 달린 익명의 댓글을 읽고 나는 큰 충격을 받았다. '당신 배나 잘 챙기세요.' 이후로 더 이상 댓글을 보기가 힘들었다.

건강한 진실을 바라보아야 한다.

하지만,
당신은 뚱뚱하지 않다.

당신은 추하지 않다.
당신은 아름답다.

현재 자신의 몸을 사랑하는 마음을 지니는 것이 중요하다. 그것이야말로 건강한 진실이다. 있는 그대로의 내 모습을 편안하게 느끼고 좋아하는 많은 사람들이 있다. 또한 비난을 일삼는 사람들도 사실 타인의 몸에 그다지 큰 관심이 있지도 않다.

마른 몸매에 대한 집착은 의학적인 건강에 있어서도, 앞에서 살펴본 것처럼 유익보다는 해악이 더 크다. 살찌는 것에 대한 두려움으로 먹는 것을 제한하는 제한적 섭식행동이나 가치관은 오히려 과도한 억제 후 지나친 갈망과 폭식으로 이어지는 해로운 패턴을 만든다.

"나는 괜찮다"라는 자존감과 "나는 할 수 있다"라는 자기효능감을 바탕으로 평생 지속 가능한 방법으로 한 걸음씩 점차 개선해 가는 것이 건강하다. 이것이야말로 지속 가능한 유일한 방법이다.

마른 몸매를 우상으로 만들어 돈을 벌려는 탐욕스러운 사업 전략을 통해 누군가 돈을 번다. 이로 인해 더 많은 사람들이 마른 몸매를 아름다운 것으로 여기며 가치관을 세뇌당하고 있다. 이러한 가치관이 퍼지면 퍼질수록 건강한 몸을 추구하는 방식으로는 사업적으로 성공할 가능성이 낮아지고, 갈수록 더 마른 몸을 추구하는 방식으로 성공할 가능성이 높아진다. 마른 몸을 기반으로 산업과 가치관이 서로 기생하며 강력한 늪으로 빠져들어 가고 있다. 돈벌이의 노예가 되어버린 산업과 가치관이 만드는 악순환의 늪에서 빠져나와야 한다.

우리는 이 늪에서 빠져나올 수 있다. 앞서 유럽 국가들의 사례에서 보았듯이, 이 문제에 대한 심각성을 사회와 산업이 같이 공감하고 함께 모여 앉아서 악순환의 늪에서 빠져나올 방법을 논의할 수 있다. 어린 여자아이를 죽음으로 몰고 가고 있는 지나친 수준의 마른 몸매에 대해 자제할 방법을 산업에서도 제안할 수 있다. 또한 지성인들의 움직임을 통해서도 건강한 가치관을 위한 활동을 할 수 있다.

무엇이 아름답고 무엇이 사랑스러운지에 대해 함께 노력한다면 개개인과 우리 사회는 건강한 가치관을 가질 수 있다. 그리하여 점점 더 건강한 방향으로 나아갈 수 있다. 우리는 할 수 있다.

비만을 극복하는 뇌과학

김대수

소식과 운동으로 에너지가 넘치지 않도록 하면
선천적인 사냥꾼인 우리 몸은
최적의 상태를 유지하기 위해 노력한다.

건강해지기 위해서는
사냥꾼으로서의 정체성을
회복해야 한다.

언제부터 비만은
질병이 되었을까?

현대인의 삶과 문화는 사냥을 통해 음식을 조달하던 조상들의 삶과는 달라졌다. 우리 조상들은 먹을거리를 사냥하느라 많은 에너지를 소비한 후 식사를 통해 에너지를 획득했지만, 현대인들은 그럴 일이 없어졌다. 먹을 것이 충분해 식전에 사냥할 일이 없다. 원하면 언제든지 최소한의 노력으로 음식을 먹을 수 있다.

에너지를 쓰지 않은 채 많은 에너지를 획득하면 이익이다. 몸에 축적되는 에너지 이익은 과거에는 부의 상징으로 여겨졌지만 현대에는 반대 현상이 일어나고 있다. 에너지 이익이 과도하게 누적되어 나타나는 비만은 개인의 건강을 위해서뿐만 아니라, 사회적으로도 척결의 대상이 되고 있다.

비만에 대한 최초의 기록은 고대 그리스와 로마 시대까지 거슬러 올라간다. 의학의 아버지라 불리는 히포크라테스Hippocrates는 비만이 질병의 원인이 될 수 있으며, 과도한 체중이 신체 기능에 부담을 줄 수 있다고 경고했다. 그는 비만이 단순한 외형의 변화가 아니라 건강과 직결된 문제임을 강조하며, 규칙적인 운동과 균형 잡힌 식습관을 권장했다.

그러나 중세 시대에는 비만이 건강 문제보다는 사회적 지위와 연관되는 경향이 강했다. 풍요로운 식사를 할 수 있는 계층에서만 비만이 흔했기 때문에 비만은 오히려 신분과 부의 상징으로 여겨지기도 했다. 그러다가 르네상스 시대 이후 의학이 발전하면서 다시금 비만과 건강 문제의 연관성이 논의되기 시작했다. 17세기에는 비만이 심혈관 질환과 호흡 문제를 유발할 수 있다는 기록이 남아 있지만, 당시에는 여전히 질병으로 간주되지는 않았다.

19세기에 들어서면서 비만은 단순한 체형 문제가 아니라 신진대사와 연관된 상태로 이해되기 시작했다. 1825년 프랑스의 의사이자 미식가인 장 앙텔므 브리야사바랭Jean Anthelme Brillat-Savarin은 그의 저서 《미식 예찬Physiologie du goût》에서 비만이 주로 식습관과 관련이 있으며, 이는 건강에 악영향을 미칠 수 있다고 주장했다.

이와 더불어 19세기 후반에는 체질량지수 개념이 등장했다. 벨기에의 수학자이자 통계학자인 아돌프 케틀레Adolphe Quetelet는 신장과 체중의 비율을 이용하여 비만도를 수치화하는 체질량지수 공식을 개발했으며, 이는 현재까지도 비만을 진단하는 기준으로 활용

〈영국 교도소장 다니엘 램버트의 초상화 Portrait of the English jail keeper Daniel Lambert〉, 벤자민 마샬 Benjamin Marshall, 레스터박물관&갤러리, 1806년

되고 있다.

　20세기 초반에 이르러 비만이 심혈관 질환, 당뇨병 등과 강하게 연관되어 있다는 연구들이 발표되기 시작했다. 1930년대에 비

청소년 비만 문제를 중점적으로 다룬 2008년 〈타임time〉 특집호.

만이 고혈압 및 동맥경화의 주요 위험 요인이라는 점이 밝혀졌고, 1950년대에는 비만이 신체 대사에 미치는 부정적인 영향이 보다 명확히 규명되었다. 이러한 연구들은 비만을 단순한 개인의 생활 습관 문제가 아닌 신체 내 대사 조절과 연관된 질환으로 보는 관점을 강화했다.

1970년대 이후, 비만이 단순한 체중 증가가 아니라 다양한 만성 질환의 주요 원인이라는 점이 점점 더 명확해졌다. 1975년 세계보건기구WHO는 비만을 만성질환의 주요 위험 요인으로 공식 지정했으며, 1980년대 후반에는 비만과 내장지방이 심혈관 질환 및 대사 증후군을 일으키는 핵심 요인이라는 연구 결과가 발표되었다.

1997년에 세계보건기구는 비만을 전 세계적 유행병 Global Epidemic 으로 선언하며, 이를 예방하고 치료하기 위한 정책적 개입이 필요하다고 주장했다. 이 시기에는 유전적 요인과 대사장애에 대한 연구도 활발히 진행되었다.

1994년에 이르러 렙틴 leptin 이라는 호르몬이 발견되었다. 렙틴은 체내 에너지 균형을 조절하고 식욕을 억제하는 역할을 하는데, 이 호르몬의 기능이 비만 환자들에게서 정상적으로 작동하지 않는다는 점이 밝혀지면서 비만이 단순한 의지력의 문제가 아니라 생리학적 이상과 연관된 질환이라는 개념이 확산되었다.

특히 2013년 미국의학협회 AMA, American Medical Association 가 비만을 공식적인 질병으로 선언한 것은 중요한 전환점이 되었다. 미국의학협회는 비만을 질병으로 정의한 근거로 다음 세 가지를 제시했다.

- 비만은 신체의 생리학적 변화(호르몬 조절, 신진대사 이상)를 동반한다.
- 비만은 심혈관 질환, 당뇨병, 특정 암 등과 강한 연관이 있다.
- 비만은 단순한 생활습관 변화로 해결되지 않으며 의료적 개입이 필요하다.

비만이 질병으로 인정되기까지의 과정은 단순한 명명命名의 문제가 아니다. 비만의 원인과 비만이 건강에 미치는 영향을 깊이 탐구하는 과학적 연구가 축적된 결과다.

훌륭한 사냥꾼이
살찌지 않는 이유

나는 중학생이던 시절 겨울방학이 되면 치악산에서 많은 날들을 보냈다. 그곳에서 지인들과 함께 소를 키우는 아버지를 따라나선 탓이다. 어린 나에게 치악산 숲속은 놀이터이자 사냥터였다.

그 시절 기억하는 신기한 경험이 있다. 배가 고파 먹을 것을 찾아 나서면, 정작 사냥을 하는 동안에는 배고픔을 잊어버리게 되었다. 영하 15도 이하 강추위임에도 불구하고 두꺼운 옷 속으로 온몸에서 열이 나고 땀이 났다. 좀 더 나이를 먹고서 뇌를 공부하고 난 뒤에야 그 이유를 깨달았다. 뇌가 사냥모드로 전환되었기에 일어난 몸의 변화였다.

뇌가 사냥모드로 전환되면 전신의 에너지를 충분히 사용하도록 허락한다. 교감신경계를 자극하여 혈당을 높이고 근육도 최대 힘을 발휘하도록 세팅된다. 그러므로 산속에서 뛰어다니는 사냥꾼은 비만이 될 수가 없다. 늘 에너지를 소비해 사냥감을 얻는 기쁨에 젖어 계속해서 근육을 사용하고 열을 발산하기 때문이다.

현대인이 사냥모드의 뇌와 그로 인한 신체의 변화를 최적으로 이용할 수 있는 방법이 있다. 바로 운동에서다. 운동은 전신의 근육이 최대 힘을 내도록 세팅되고 많은 에너지를 소비한다는 점에서 사냥과 유사하다. 다만 운동은 눈에 보이는 사냥감이 아니라, 자신의 몸이 건강하고 멋있게 변하는 보상과 그것을 통해서 사회 속에서 받게 될 미래의 보상이 목표가 된다.

운동을 효과적으로 하기 위해서는 뇌를 사냥모드로 설정하는 것이 좋다. 그러면 전신의 근육이 더 많이 힘을 내고 혈액순환이 원활하며 대사 속도와 효율이 증가한다.

늘 좋은 사냥감을 생각하라. 메타헌터 현대인들에게는 일상의 사소하지만 다양한 목표들은 좋은 사냥감이 될 수 있다. 청소를 할 때 구석구석 숨어 있는 먼지나 입지 않는 물품들도 사냥감이 될 수 있다.

운동을 하면
몸에서 일어나는 일

영국 연구팀은 숲속에 쳇바퀴를 설치하고 어떤 동물이 쳇바퀴를 돌리는지 관찰했다. 결과는 놀라웠다. 설치류는 물론이고 개구리와 달팽이도 쳇바퀴를 찾아와 돌렸다. 동물들이 자발적으로 쳇바퀴에 오르내렸던 것이다. 비만은 움직임을 방해하고, 움직임이 둔해지면 자연에선 아주 좋은 먹잇감이 된다. 야생에서는 보다 활동적인 유전자를 가진 동물이 더욱 효과적으로 생존할 수 있다. 자연계에서 비만 동물을 발견하기 쉽지 않은 데는 생존과 결부된 이유가 있다. 운동으로 일어나는 모든 생리적인 변화는 결국 사냥하기에 최적화된 몸을 만드는 데 있다. 근육과 몸이 함께 커지면 더 큰 먹잇감을 사냥할 수 있기 때문이다.

운동을 하면 왜 지방이 빠지고 근육이 증가할까? 1931년 노벨 생리의학상 수상자인 오토 바버그Otto Warburg는 우리가 음식을 먹으면 세포 속에 존재하는 NAD+ nicotinamide adenine dinucleotide가 전자와 수소를 받아 NADH로 환원된다는 사실을 밝혔다.

그의 연구 결과가 시사하는 결론은 NADH와 NAD+는 세포의 에너지 센서라는 것이다. 세포 속에서 에너지가 많아 배부른 상태가 되면 NADH가 증가하고, 배고픈 상태에서는 NAD+가 많아진다. 즉, NAD+/NADH 비율이 높아지면 '배고파' 신호를 보내고, 낮아지면 '배불러' 신호를 보내는 셈이다.

에너지가 넘치는 상황이 되면 세포 내에서는 '배불러' 신호인 NADH가 증가한다. NADH가 증가하면 세포는 남는 에너지를 지방으로 만드는 대사를 촉진한다. 남는 에너지가 간에 쌓이면 지방간이 되고 피부조직 밑에 쌓이면 피하지방이 되며, 내장에 쌓이면 내장지방이 된다. 몸무게가 증가하여 비만 상태가 된다.

반면에 운동을 하면 에너지를 소비하므로 세포 내 '배고파' 신호인 NAD+가 증가한다. NAD+ 신호가 있는 상태에서 세포는 지방을 분해하여 에너지를 만들고 근육의 양을 증가시킨다. 먹잇감을 사냥하러 나갈 준비를 하는 것이다.

왜 소식을 하면
건강해질까?

1980년대에 MIT 연구팀은 소식을 하면 왜 건강해지고 수명이 증가하는지를 연구했다. 소식이란 정상식이의 70%만 먹는 것을 말한다.

흥미로운 사실은 소식한 쥐들은 운동량이 증가할 뿐만 아니라 근육의 양도 증가한다. 소식이 세포 속에 NAD+를 증가시키기 때문이다. 운동을 해도 NAD+가 증가하니 소식은 세포에 대하여 운동과 동일한 효과를 보이는 셈이다. NAD+는 에너지를 생산하는 미토콘드리아를 더욱 건강하게 만들어 지방을 분해해 에너지를 생산하는 능력을 증대시킨다.

반면 고칼로리 식이를 한 쥐들은 지방이 증가하고 활동력이 줄어들었으며 수명이 감소했다. 비만 쥐 세포 속에 NADH가 증가해 지방대사를 촉진하기 때문이다. 또한 미토콘드리아도 줄어들어 이상한 모양으로 변형되었다. 에너지가 충분하기 때문에 세포 내에서 에너지를 생성하는 역할인 미토콘드리아의 기능이 저하되기 때문이다.

단식Fasting 및 단식 모방 식이FMD, Fasting Mimicking Diet는 대사 건강을 개선하고 노화와 관련한 질환을 예방하는 잠재력이 있는 것으로 주목받고 있다.[33] 정상 칼로리의 70% 정도를 섭취하는 단식 모방 식이를 주기적으로 시행했을 때, 세포 자가포식Autophagy 활성화,

줄기세포 재생 촉진, 염증 감소 효과가 확인되었으며, 신경인지 기능 및 대사 건강을 개선하는 결과를 보였다.[34]

또한 단식 모방 식이와 약물 섭취를 병행하면 더 강력한 항노화 효과가 있으며, 다기관 재생 및 노화와 관련한 질환을 예방하는 데 기여할 가능성이 있음을 시사하였다.

건강과 수명을 향상시키는
약물의 개발

간략히 살펴본 바와 같이, 과학적으로 소식과 운동은 NAD+와 NADH 대사를 조절하여 건강을 증진시킬 수 있음이 밝혀졌다. 이는 획기적인 발견이다. NAD+와 NADH 대사를 조절할 수 있는 약물을 개발한다면 인간의 오랜 꿈인 불로장생이 이루어질 수도 있기 때문이다. NAD+와 NADH 대사를 조절하는 약물들에 대한 활발한 연구와 개발이 이루어지고 있다.

현재까지 개발된 최신 약물들을 알려져 있는 효과와 함께 간략히 소개한다. 효능과 효과에 대한 연구는 현재도 진행 중이며, 개별 복용에는 전문의와의 상담이 필요하다.

1. 라파마이신 Rapamycin[35]
세포의 성장과 분열을 조절하는 신호전달 단백질인 엠토르 mTOR

경로를 억제하여 수명을 연장하는 효과가 있는 것으로 알려져 있다. 처음으로 라파마이신이 노화와 관련돼 있다는 사실이 밝혀진 것은 2009년이다. 국제학술지 〈네이처〉에 데이비드 해리슨David Harrison 미국 잭슨연구소 교수는 쥐를 대상으로 라파마이신이 수명에 미치는 영향을 발표했다. 유전적으로 다양한 생쥐

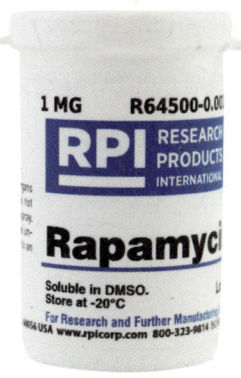

라파마이신

모델에서 평균 수명을 9~14% 증가시켰고, 특히, 노년기(20개월 이후)에 투여해도 효과가 나타났다. 즉, 중년 이후에도 수명 연장이 가능함을 시사한다. 하지만 라파마이신을 지속적으로 투여할 경우 신장의 기능이 떨어지거나 당뇨가 발생할 위험이 증가한다는 연구 결과도 있다.

2. 메트포르민 Metformin[36]

당뇨병 치료제인 메트포르민은 산화 스트레스를 줄이고, 세포 대사를 최적화하여 생쥐의 수명을 연장한다. 메트포르민이 AMPK(AMP-활성화 단백질 키나아제) 경로를 활성화하여 노화 속도를 늦출 가능성이 있다. AMPK란

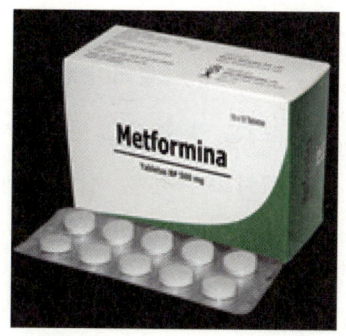

메트포르민

세포 내에 에너지가 고갈하면 농도가 증가하는 AMP라는 물질을 인식해 그 활성이 증가하는 인산화 효소(단백질)를 말한다. 즉 AMPK는 세포의 에너지가 부족하면 활성이 증가하여 대사와 관련한 효소들을 조절한다. 생쥐의 평균 수명을 5~6% 증가시키며, 대사 건강이 개선된다. 현재 인간을 대상으로 임상시험이 진행 중이다.

3. NAD+ 전구체(NMN, NR)[37]

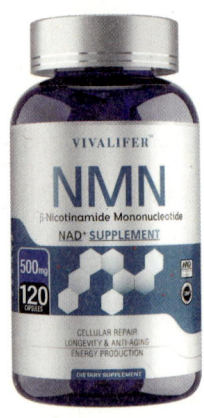

NMN

NAD+ 전구체인 NMN를 장기간 투여하면 노화와 관련된 신체 기능이 감소를 완화하는 것으로 알려져 있다. NMN은 미토콘드리아 기능을 개선하고, DNA 손상 복구 효율을 높여 세포 노화를 지연시키는 것으로 나타났다. 다른 연구에서도 NR(니코틴아마이드 리보사이드) 투여 시 생쥐의 건강 수명이 증가하는 것으로 나타났다.

4. SGLT2 억제제(당뇨 치료제)의 노화 방지 효과[38]

SGLT2 억제제(예: 다파글리플로진, 엠파글리플로진)가 노화 관련 대사질환(비만, 당뇨, 심혈관 질환)을 개선하고 생쥐의 수명을 연장하는 효과를 보인다. 이 약물은 세포 스트레스 저항성을 증가시키고 NAD+ 대사를 조절하여 미토콘드리아 기능을 개선한다.

5. 베타라파촌 beta Lapachon[39]

《동의보감》본초本草 및 입문入門 파트에 등재되어 있는 분마초奔馬草는 '단삼丹參, Salvia miltiorrhiza'의 별칭으로, 술에 담갔다가 먹으면 달리는 말을 쫓아갈 수 있어서 분마초奔馬草라고도 한다. 단삼의 성분인 베타라파촌을 늙은 쥐에게 먹이면 세포 내 NAD+를 증가시켜 근육과 뇌의 에너지 대사를 강화하고 건강 수명을 증가시키는 역할을 한다.

시대가 바뀌었지만 뇌와 몸은 여전히 사냥해서 밥을 먹는 리듬에 맞춰져 있다. 사냥을 한다는 것은 에너지를 소비하는 행동이며, 이는 세포 속에 NAD+를 증가시켜 미토콘드리아 기능을 강화하고, 근육을 늘리며, 지방을 줄이고, 세포재생을 촉진한다. 행동하는 동안 뇌와 근육이 활성화되고 혈당이 증가하여 과식을 막아주기도 한다.

건강해지기 위해서는 사냥꾼으로서의 정체성을 회복하는 것이 중요하다. 소식과 운동으로 에너지가 넘치지 않도록 하면 선천적인 사냥꾼인 우리 몸은 최적의 상태를 유지하기 위해 노력한다. 우리 몸의 세포와 유전자는 에너지가 부족해도 최상의 몸을 만드는 과감한 투자로 생존을 이어간다. 배고픈 사냥꾼은 건강하다. 건강해야만 먹잇감을 사냥해 생존을 이어갈 수 있기 때문이다.

6부

위험한 욕망이
일과 삶을
뒤흔든다

인간관계를 뒤흔들고,
생활을 좌우하는
이 위험한 욕망을 제대로 이해할 때
일상의 조각을 현명하게 맞출 수 있다.

매력적인 사냥꾼으로 거듭나자

김대수

인간에게는 매우 다양한 양면성이 있다.
협력자인 동시에 배신자로 행동하고,
받고 싶은 마음과 주고 싶은 마음이 공존하며,
사람들에게 다가가고 싶은 감정과
분리되고자 하는 감정이 함께 있다.

경쟁사회에서
매력적인 사냥꾼으로 살아가려면
어떻게 해야 할까?

매력적인 사냥꾼으로 거듭나자

인간의 양면성에 대한
이해

고뇌하는 의식이라는 자궁 속에서 이렇게 극과 극인 쌍둥이가 계속 갈등하며 지내야 하는 것은 인류가 받은 저주였다. 그렇다면 어떻게 이들 둘을 분리할 수 있을까? _《지킬 앤 하이드》 중에서

로버트 루이스 스티븐슨Robert Louis Stevenson의 소설《지킬 앤 하이드》에서 점잖은 신사 지킬 박사는 약을 먹고 본능의 화신인 하이드로 변모한다. 지킬 박사는 한 여인을 사랑하고 헌신하는 모습을 하고 있지만, 아름다운 이성을 쟁취하려는 하이드의 야성 또한 존재한다. 같은 뇌가 두 개의 전혀 다른 인격으로 활동하는 것이다. 이 둘이 같은 사람인지 알 수 없을 정도다.

뇌과학적으로 보면 인간에게는 매우 다양한 양면성이 있다.

스티븐슨이 주목한 양면성은 도덕적인 양면성이었지만 뇌과학적으로 보아도 인간에게는 매우 다양한 양면성이 있다. 협력자인 동시에 배신자로 행동하고, 받고 싶은 마음과 주고 싶은 마음이 공존하며, 사람들에게 다가가고 싶은 감정과 분리되고자 하는 감정이 함께 있다. 포식자이면서 동시에 먹잇감이 되어야 하는 생명체인 인간은 사회적으로 다양한 양면성을 드러내며 매일을 살아간다.

사냥꾼으로서의 인간 혹은 먹잇감으로서의 인간에 대한 고찰은 소설과 영화에서 다루는 중요한 테마다. 이문열의 소설《우리들의 일그러진 영웅》은 학급 내 권력자인 엄석대와 그의 통치를 묵인하거나 순응하는 학생들을 통해 독재 권력과 대중의 복종 심리를 조명한다. 황석영의《개밥바라기별》은 사회적 억압 속에서 청년들이 어떻게 먹이사슬의 최하층에서 생존하는지를 보여주며 개인이 기성 권력 앞에서 어떻게 좌절하는지를 그린다.

봉준호의 영화〈살인의 추억〉은 연쇄살인범과 피해자의 관계를 통해 약육강식의 법칙을 은유하며, 동시에 무능한 경찰이 또 다른 포식자로 변모하는 과정을 보여준다. 그의 또 다른 작품〈기생충〉은 경제적 계층 간의 먹이사슬 구조를 극명하게 드러내며, 부유층이 무의식적으로 빈곤층을 착취하는 현실을 풍자한다. 장준환의 영화〈지구를 지켜라!〉또한 대기업 회장과 사회적 약자인 주인공의 대립을 통해, 자본 권력이 약자를 어떻게 지배하는지를 형상화한다.

여러 문학과 영화는 강자가 약자를 지배하는 구조를 현실적으로 반영하며 인간사회에서 약자는 필연적으로 먹잇감이 될 수밖에 없는 운명임을 강조한다.

그러나 뇌과학적으로 보면 모든 인간은 사냥꾼임과 동시에 먹잇감으로 살아간다. 영화에서처럼 두 집단이 계급이나 계층으로 나누어지지 않는다. 경제학적으로 봐도 자본의 흐름은 상대적이다. 제품업체는 부품업체의 소비자이면서 대중들에겐 공급자가 된다. 나는 소비자로서 운동기구를 구매하지만, 이것을 당근마켓에서 팔면 공급자가 될 수 있다. 또한 개인이 사회에서 돈을 많이 벌어 권력을 쥐고 더 많은 부를 창출했다 할지라도, 그것을 사회에 환원한다면 그는 먹잇감으로서 역할을 하는 것이다. 이것을 단순히 이타성이라 하지 않는 이유는, 궁극적으로 먹잇감으로서의 삶이 집단의 발전으로 이어지고, 타인의 이익으로 순환되기 때문이다. 인간이 만든 사회생태계에서 살아가며, 누군가 먹잇감으로서 자신의 에너지를 사회를 위해 공여한다면, 자신이 속한 사회가 선순환하며 발전하는 데 기여할 수 있다.

이러한 인간의 양면성은 에너지 이익을 남기려는 뇌의 목적에도 부합한다. 인간의 역할은 에너지를 획득하는 과정에서 포식자로 보일 수도 있다. 그러나 에너지 이익을 남기면 비로소 자신이 선택할 수 있는 자유가 생긴다. 그렇게 얻은 자유를, 사냥꾼으로 에너지를 얻는 데 재투자할 수도 있고 타인에게 나눌 수도 있다. 분명한 것은 모두가 사냥꾼이 되겠다고 하는 사회에서는 에너지가 선순환할 수 없다. 어제의 사냥꾼이 오늘의 먹잇감이 되고 과거의 먹잇감이 오늘의 사냥꾼이 되는 것이 인간사회의 현실이다.

생태학적 양면성은 자연의 모든 생명체가 가진 속성이다. 에너지를 획득하기 위해 먹잇감을 먹는 포식자임과 동시에 다른 동물의 먹잇감으로 살아간다. 운이 좋아 생전에 사냥을 당하지 않는다 하더라도 죽은 후에 살과 뼈는 다른 동물과 미생물의 먹잇감으로 마감하게 된다. 자연의 거대한 에너지 순환의 원리 속에서 모든 생명은 포식자인 동시에 먹잇감이다.

배려하는
사냥꾼

　오랜만에 탄 서울 지하철에서 어르신 두 분이 싸우고 계셨다. 험한 말은 오가지만 위협적이라거나 곤란하기보다 도리어 친근한 느낌마저 든다.
　"이 양반아, 내가 누군지 알아?"
　"모른다! 나잇살 처먹고 하는 짓하군."
　"내 나이가 83살이야. 어디다 반말이야?"
　"민증 까봐! 어디서 굴러먹다 온 개뼈다귀 같은 게. 70도 안 되어 보이는구만."
　"고맙다, 이놈아. 여기 민증 봐라! 내가 39년생이다."
　아무리 서로 욕해도 상대가 선은 넘지 않을 거라는 신뢰가 들었던지 허공으로 주먹을 휘두른다.
　"어휴, 한주먹 거리도 안 되는 게."
　"그래, 쳐봐! 쳐봐!"
　이즈음 되니 예상되는 시나리오가 있다. 마무리 국면인 것이다.
　"참, 더러워서 봐준다. 인생 그리 살지 마라!"
　"무서워 도망가냐? 잘 가라! 개뼈다귀야."
　험한 말이 오가는 와중에도 친근함이 드는 이유는, 두 사람이 서로를 해하지 않을 것이라는 신뢰가 있기 때문이다. 진심으로 공격하면 치명상을 입힐 수도 있지만 무리에서 다투는 와중에는 서로

악어에게 인간 아기 울음소리를 들려주자 소리 발생 지점으로 빠르게 접근하였다. 일부 악어는 공격적 반응뿐만 아니라 보호 행동도 보였다.

전력을 다해 물어뜯지는 말아야 한다는 규칙이 있다. 만일 무리 내에서 상대를 사냥하듯 공격하는 유전자가 있는 집단이 있었다면 멸종하였을 것이다.

　사냥꾼의 배려행동은 자연에서도 관찰된다. 〈내셔널지오그래픽〉에서 바분원숭이를 사냥하는 레오파드가 나온 적이 있다. 레오파드가 엄마 바분원숭이를 사냥하고 보니 엄마에게 매달려 있는 새끼를 발견한다. 그러자 레오파드는 갑자기 새끼 바분원숭이를 보호하는 행동을 한다. 혹자는 새끼 바분원숭이를 나중에 잡아먹으려는 일종의 '도시락'으로 삼은 것 아니냐고 할 수도 있지만, 그것은 분명 애착행동이다. 어린 동물을 배려하는 이러한 행동은 포식자들 사이에서 종종 관찰된다.

프랑스 국립과학연구센터 생물음향 연구 책임자 니콜라스 그리모Nicolas Grimault 박사와 연구팀은 악어들이 인간 아기의 울음소리에도 반응한다는 연구 결과를 발표했다. 악어들에게 인간, 침팬지, 보노보 등 영장목에 속하는 동물 새끼의 울음소리를 들려주었더니 소리가 발생한 지점으로 급격히 헤엄쳐 접근했다. 특히 고통스러운 인간 아기의 울음소리를 들려주자 평균적으로 약 3분의 1 정도의 악어가 극심한 반응을 보였다. 일부 악어는 공격적 반응뿐만 아니라 보호행동도 보였다. 연구진은 암컷 악어로 추정되는 개체가 스피커 앞에 자리 잡고 다른 악어들로부터 스피커를 지키는 모습도 관찰했다.

왜 포식자들은 새끼에게 관대한 반응을 보일까? 새끼들이 내는 소리의 공통점이 모성본능을 자극했을 수도 있다. 실제로 아기들이 옹알대는 소리는 동물들 간에 유사성이 있다. 진화적으로 먹잇감이 멸종하지 않도록 하는 합목적성일 수도 있다. 어차피 아주 어린 동물을 잡아먹어도 얻는 에너지는 충분치 않을 것이다. 이유와 상관없이 포식자의 배려는 멋지게 보인다. 에너지 획득의 기회로 삼지 않고 배려의 기회로 삼았기 때문이다.

자연 속에는 자신의 몸을 내어주는 부모가 많다. 무족영원목 Caecilians은 자식들이 자신의 몸을 갉아먹는 것을 허용한다. 암컷 거미는 수컷 거미보다 몸이 커서 가끔 접근하는 수컷 거미를 잡아먹기도 한다. 그러나 새끼에게는 자신의 몸에서 즙을 빨아먹도록 내어준다. 자식들에 대해서는 자신의 몸이 상하는 상태를 회피하는 기제가 작동하지 않도록 하는 것이다. 이러한 행동이 새끼들의 생존률을 높인다.

아마로비우스 페록스Amaurobius ferox라는 거미는 새끼를 낳은 후에 다시 알을 낳아 음식으로 공급한다. 만일 이 먹잇감이 바닥나면 어미는 신호를 보내 새끼들이 자신의 몸을 먹도록 내어 준다. 엄마 거미의 몸을 먹고 자란 새끼들은 단체로 사냥하는 협력행동을 보인다.

흡혈박쥐vampire bats들은 군집생활을 하는데 3일 이상 피를 먹지 못하면 굶어 죽는다. 먹잇감을 배부르게 먹은 박쥐는 배고픈 박쥐에게 피를 나누어 준다. 이러한 행동은 남는 에너지로 친구를 만들

새끼 거미가 자신의 몸에서 즙을 빨아먹도록 내어주는 암컷 거미.

어 훗날 자신이 위기에 처했을 때 도움을 받을 수 있다. 이처럼 자신의 에너지를 나누어 주는 것이 흡혈박쥐 사회를 지속시키는 원동력이 된다.

군집생활을 하는 흡혈박쥐는 배부르게 피를 먹고 나면 배고픈 박쥐에게 피를 나누어준다.

매력적인 사냥꾼은
사냥터를 개척한다

사냥꾼임과 동시에 먹잇감이고, 협력자인 동시에 배신자이며, 받고 싶은 마음과 주고 싶은 마음이 공존하는 인류의 발전은 자기만의 사냥터를 개척해온 역사라고 할 수 있다. 인간의 뇌는 현존하지 않던 새로운 사냥터, 즉, 미지의 공간을 찾아냈다. 직접적인 사냥을 하는 일은 없어졌지만 먹고 먹히는 생태계의 본능은 남아 자신만의 공간을 찾아 만든 사냥터다.

인간은 미지의 공간에 자기만의 사회체계와 기술을 발달시켜 오늘날에 이르렀다. 그리고 미지의 공간에 대한 개척은 계속해서 이루어지고 있다.

어릴 적 하늘과 우주의 경계에 대하여 궁금해본 적이 있을 것이다. 물리적인 세상에서는 지구를 둘러싼 공기층이 희석되면서 점차 우주로 연결되므로 경계가 있을 수 없다. 그러나 인간의 사고 속에는 어디까지가 하늘이고 어디서부터가 우주인지 구분이 모호한 전이구간이 존재한다. 이렇게 정의하기 애매한 전이구간을 리미널 스페이스Liminal space 즉, 우리말로는 경계공간 혹은 전이공간이라 한다.

리미널 스페이스의 어원은 '임계점'을 의미하는 라틴어 'limen'에서 왔다. 본질적으로 임계 공간은 물리적인 세상을 이해하는 인간의 생각의 한계로부터 도출되지만 심리적 상태의 모호함, 불확실성, 다른 상태 또는 단계 사이에 있는 감각을 뜻하기도 한다. 그러나

인간의 사고 속에는 어디까지가 하늘이고 어디까지가 우주인지 구분이 모호한 전이구간이 존재한다. 이를 경계공간 혹은 전이공간이라 한다.

정체성을 가진 두 공간을 연결하는 공간은 실제로 존재하지 않으므로, 이 책에서는 그것을 미존공간이라 부르기로 하자. 미존공간에 대한 발견과 개척은 개인의 발전뿐만 아니라 인류의 발전에 필수적이다.

개인의 발전과 성과에서도 마찬가지다. 하나의 세계와 다른 세계가 만나는 공간, 정체성이 모호한 구간, 어느 단계 사이에 있는 경계의 구간은 아직 발견되지 못했거나 정의되지 않았거나, 알아채었더라도 많은 이들이 헤맨다. 이 구간에서 성장과 성공이 이루어져 왔다.

자기만의 성과나 인류의 발전에 기여한 수많은 사람들은 이 구간을 끈질기게 연구하고 개척하여 자기만의 길을 만들어왔다. 이러한 미지의 공간은 꼭 복잡하고 어려운 데 있지 않다. 삶의 모든 곳에 미지의 공간은 존재한다.

1. 심리적 미존공간

직장을 바꾸려 할 때, 심리적으로 어려움을 겪은 적이 있지 않은가? 나도 마찬가지 경험을 했다. KAIST 교수로서 다른 기관에서 좋은 조건으로 오퍼를 받을 때 기분이 좋았지만 한편으로는 나의

인류학자 마크 오제는 사람들이 거쳐 가지만 거주하지 않는 공항과 같은 공간을 비공간이라 칭했다.

정체성을 바꾸는 문제가 그리 탐탁하지만은 않았다.

네덜란드의 인류학자 아르놀트 판 헤네프Arnold van Gennep는 저서 《통과의례》에서 인간이 새로운 사회에 적응할 때 분리, 전환, 편입의 세 단계를 거친다고 했다. 판 헤네프에 따르면 인간은 정서적으로 전환기를 거치는데, 이 전환기는 개인이나 집단이 고유의 사회적 역할과 규범으로부터 이탈하여 변화된 지위로의 정체성 변환을 허용하는 과정이다. 1960년대 영국의 인류학자인 빅터 터너Victor Turner는 판 헤네프의 연구를 확장하여 전환기를 심리적인 것으로 인식하였다.

오늘날 뇌과학적으로 해석하자면 의식세계의 공간이 바뀌는 과정에서 정체성이 모호한 전이공간, 즉 심리적인 미존공간이 형성된다는 의미다.

2. 물리적 미존공간

프랑스 인류학자 마크 오제Marc Augé는 사람들이 거쳐 가지만 거주하지 않는 공항, 쇼핑몰 및 고속도로 휴게소와 같은 공간을 비공간 혹은 미존공간이라 칭했다. 이 공간들은 현대 도시 경험의 상징적인 표현이 되었다.

예술가들은 매우 일시적인 환경에서 발생할 수 있는 단절과 익명성을 탐구하기 위해 이러한 비장소를 사용했다. 예를 들어, 사소한 일상을 치밀하게 묘사하는 작가로 유명한 프랑스 소설가 조르주 페렉Georges Perec의 작품은 종종 그러한 공간에서의 일상생활 경험을 다룬다.

3. 디지털 미존공간

디지털 시대에 들어서며 미존공간은 가상의 영역으로 확장되었다. 온라인 커뮤니티, 소셜 미디어 플랫폼, 비디오 게임 등은 물리적 현실과의 괴리감을 조성하여 한계성에 대한 독특한 경험을 제공한다.

일부 현대 예술가들은 디지털 미디어, 가상현실, 증강현실을 이용하여 이러한 가상의 한계공간을 탐구함으로써 현실과 가상의 경계를 모호하게 만든다.

또한 메타버스는 현실공간과 가상공간을 연결하여 새로운 공간을 구현한다. 오감을 가상공간으로 확장하거나 현실공간과 혼합하여 사회적·경제적·문화적 활동을 가능하게 한다.

4. 현대미술의 미존공간

현대미술에서 한계공간은 복합적인 감정을 전달하는 강력한 수단이 된다. 변화하는 세계의 본성을 반영하며 영속성과 비영속성, 친숙성과 소외성, 현실과 상상성 사이의 긴장관계를 탐구하는 역할을 한다.

살바도르 달리Salvador Dali와 르네 마그리트René Magritte와 같은 초현실주의 미술가들은 잠재의식의 영역에 존재하는 몽환적이고 초현실적인 풍경들을 탐구했다. 이러한 풍경들은 종종 현실과 상상력 사이의 경계를 흐리게 하면서 한계의 특성을 가진다. 특히 살바도르 달리의 〈기억의 지속〉이라는 작품에서는 물리적 세계가 기억으로 전환되는 과정을 그렸다.

미술가 에드워드 호퍼 Edward Hopper는 경계공간의 긴장감과 아름다움을 포착했다. 사진작가 스기모토 히로시 Sugimoto Hiroshi도 시간을 비롯한 세상의 본질을 탐구하며 경계공간을 묘사하기로 유명하다.

5. 미존공간과 우주산업

새로운 공간의 개척은 우주산업에서 극명하게 나타난다. 화성이나 달에 도시를 건설하는 일이나 우주여행은 과거에 없었던 사업으로 대부분 사람들은 이에 대해 처음 들었을 때 공상과학 정도로만 여겼다.

2021년 7월 12일 영국 버진그룹의 리처드 브랜슨 Richard Branson 회장은 자신이 세운 우주 기업 버진갤럭틱의 우주선을 타고 4분간 무중력 체험을 하고 돌아왔다. 이어 같은 해 7월 20일 아마존 창업자 제프 베이조스도 블루오리진 로켓을 타고 우주를 다녀왔으며, 2024년 9월 테슬라 창업자 일론 머스크의 스페이스X는 민간인만 태운 우주관광에 성공했다.

인류 역사에 없었던 우주여행 사업이 과연 성공할까? 우주여행은 시작한 지 몇 년 되지 않았지만 벌써 사회문화로 자리 잡고 있다. 현재 약 30억 원이나 하는 비용에도 불구하고 우주여행 희망자만 전 세계에 약 200만 명이 있다고 한다. 투자은행 모건스탠리는 우주여행 사업이 2020년 445조 원에서 2040년에는 1,273조 원 규모로 성장할 것이라고 예측하고 있다.

우주생물학 연구는 정부에서 지원을 하고 있어 기업과 정부와 민간 사이에 선순환의 고리가 형성되었다. 여행을 다녀온 후에는 건강 및 수명에 대한 연구에 기여할 수 있다. 이를 연구하는 우주생물학Space biology 연구자들의 기초결과에 따르면 우주에 다녀올 경우 노화의 지표인 텔로미어 길이가 길어진다고 한다. 노화 억제 현상이 생기는 것이다.

우리 삶 구석구석에 미존공간은 자리하고 있다. 미존공간을 개척하여 자기만의 사냥터를 만들자. 세계와 세계의 경계를 탐구하여 아직 발견되지 못한 구간을 유영할 때 자기만의 고유한 사냥터를 만들 수 있다.

자신만의 사냥터를 가진 인간은 경쟁과 공격성으로부터 자유로워진다. 더 많은 생산성으로 충분한 에너지를 얻는다는 것은 다른 사냥터와 교류할 수 있음을 뜻한다. 교류를 통해 더욱 풍요로운 삶이 가능해진다.

미국 대기업 중심으로 재편되는 인공지능 사업의 첨예한 경쟁 속에서 자신만의 틈새시장을 개척한 많은 예가 있다. 기업과의 정면 경쟁을 피해 데이터 라벨링, 의료·에너지 등 산업별 특화 분야나 틈새 영역에 집중하며, 기술 라이선스, 비독점 계약, 선택적 기술·인재 이전 방식으로 대기업 협업 및 빠른 성장을 이룬 대표적인 글로벌 인공지능 벤처사들이다. 수 명~수십 명으로 구성된 기업이 수천억 원의 수익을 내는 엄청나게 효율적인 사업들이 인공지능 주변 미존공간에서 개척되고 있다.

- **스웨덴 모듈라이**Modulai(CEO: 요제프 린드만 호른룬드Josef Lindman Hörnlund): AI·머신러닝 특화 컨설팅, 문제 해결 중심의 하이퍼니치전략으로 성장
- **스웨덴 사나 랩스**Sana Labs(CEO: 조엘 헬러마크Joel Hellermark): AI 기반 온라인 교육·의료 컨텐츠 자동화로 글로벌 의료기관과 협력
- **미국 스케일AI**Scale AI(CEO: 알렉산더 왕Alexandr Wang): AI 데이터 라벨링, MS·아마존 등 빅테크와 협업·투자 유치, 중국계 미국인 창업자
- **중국 딥시크**DeepSeek(CEO: 량원펑Liang Wenfeng), **미니맥스**Minimax(CEO: 얀준지에Yan Junjie): 효율적 대형 모델로 산업 AI 공급 및 특수 데이터셋 협력 기반의 생성형 AI
- **인도 니라마이**Niramai(CEO: 지타 만주나트Geetha Manjunath): AI 기반 유방암 진단
- **캐나다 브레인박스 AI**BrainBox AI(CEO: 샘 라마도리Sam Ramadori): 인공지능 에너지 절감 시스템

미래 시대는 먹잇감 경쟁의 시대가 아니라 사냥터 개척의 시대다. 나만의 사냥터는 있는가? 없다면 지금부터 느긋하게 찾으면 된다. 메타헌터들은 자연에 존재하지 않았던 사냥터를 개척해 자신의 이익과 에너지를 확보하고 자유를 얻는다.

우울해서 먹고,
슬퍼서 먹고,
기분 때문에 먹는 사람들

최형진

기분과 식욕은 잠깐 떨쳐냈다가도 시간이 지나면
마음속 깊숙한 곳에서 차오르기 시작한다.
참았던 만큼 더 먹어버리기 전까지는 떨쳐내기가 너무 어렵다.

**이 강력한 욕구를
이겨낼 방법이 없을까?**

우울해서 먹고, 슬퍼서 먹고, 기분 때문에 먹는 사람들

중년 여성이
살찌는 이유

박은희 씨는 새로 진단받은 당뇨병으로 진료실에 찾아 왔다. 표정이 어두워 보였다.

최형진 공복 혈당이 160을 넘어요. 체중이 80kg이 넘으시는군요.

박은희 지난 1년 동안 갑자기 살이 15kg 쪘어요. 저도 제가 왜 이러는지 모르겠어요.

최형진 무슨 일이 있으셨나요? 왜 갑자기 살이…

박은희 제가 20~30대까지는 정말 열심히 관리했습니다. 몸매 하나는 자신 있었어요. 고등학교 때까지는 빵을 정말 좋아했어요. 고3 때 빵 먹으면서 공부하느라 몸무게가 70kg까지

237

나갔었어요. 무시당하고 싶지 않아서 대학교 가면서부터는 빵을 끊었어요. 아무리 먹고 싶어도 참았죠. 매일 1시간 이상 헬스장에서 운동을 했어요. 하루라도 운동을 못하면 불안해서 밤늦게라도 꼭 운동을 했어요. 식사도 다이어트용 선식으로만 하루 2끼를 먹었어요. 매우 철저했습니다. 가끔 스트레스 받으면 빵을 먹기도 했지만, 바로 다음 날 후회하고 더 운동을 했어요.

최형진 그런데, 무슨 일이 생겼나요?

박은희 결혼하고도 처음에는 잘 유지할 수 있었어요. 그런데 아이를 둘 낳고 집안일이 많아지고, 또 아이들 먹을 것을 챙기면서부터는 더 이상 가려서 먹을 수 없었어요. 운동을 하러 따로 헬스장에 갈 시간도 없어졌어요. 그렇게 지내다가 남편은 사업이 바빠지면서 술 마시고 늦게 들어오는 날들이 늘어갔고 다툼도 많아졌어요. 1년 정도 우울하게 지냈어요. 다 귀찮아졌고, 몸을 관리한다는 것도 의미 없게 느껴졌어요. 10년 넘게 참아왔던 빵이라도 마음대로 먹어야겠다는 생각이 들었어요. 속상할 때 더 먹었어요. 몇만 원어치 빵을 사와서 혼자 다 먹은 적도 있어요. 이제 이런 제 모습과 행동들을 보면 더 우울해져요. 이야기하니 더 우울해지는군요. 저 어떻게 하죠?

우리나라의 연령별 비만 유병률을 보면 일반적인 다른 질병에

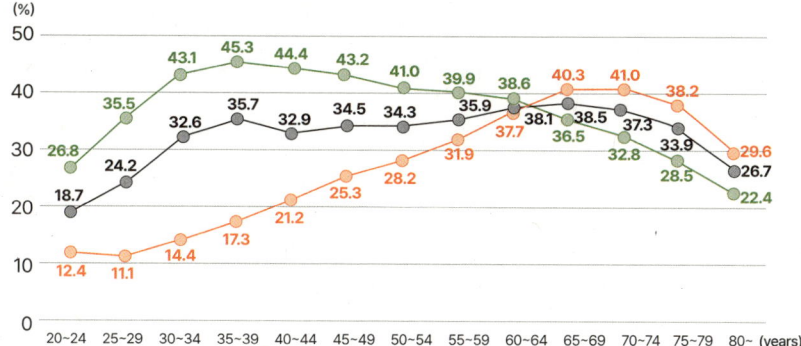

연령에 따른 비만 유병률 남녀 차이

서 관찰되지 않는 특이한 남녀 차이가 발견된다. 20~30대까지는 여자의 비만 유병률이 11~17% 정도로 매우 낮고, 남자의 비만 유병률이 40% 정도까지 매우 높다. 그러다 30대부터 여자의 비만 유병률이 올라가기 시작하고, 남자의 비만 유병률이 내려가기 시작해서, 60대에 도달하면 남녀 유병률이 비슷해지고, 그 이후에는 오히려 여자의 비만 유병률이 더 높다.

 내가 생각하는 가장 중요한 요인은 우리나라의 10~20대 여자가 겪고 있는 마른 체형에 대한 지나친 사회적 압박이다. 이런 사회적 압박 때문에 20대까지 마른 체형을 유지하기 위한 지나친 집착과 이에 따른 과도한 노력을 하게 된다. 스스로 금지한 음식의 목록은 점점 많아지고 금지될수록 갈망은 커진다. 하루에 2시간씩 운동을 매일 하면서, 하루라도 운동을 하지 않으면 당장이라도 큰일날 것 같은 두려움에 빠진다.

중년 이후가 되면 여성들은 감정적 먹기emotional eating를 많이 한다. 갈망 때문에 어쩔 수 없이 먹지만 행복하지 않다. 죄의식을 느끼면서 먹다 보면 너무 살찔 거라는 걱정이 밀려온다. 먹던 음식을 내려놓고 다시는 안 먹겠다고 다짐하지만 이런 생각을 하는 것이 행복하지 않다. 하지만 직장에서 업무에 압박을 받거나 애인과 다투거나 인간관계에서 상처를 받은 날, 스트레스받는 상황이 오면 또다시 갈망이 높아져서 음식을 먹는다.

행동을 바꾸는 것만으론 안 된다
생활을 재세팅해야 한다

복잡한 심리 현상은 얼마나 강박적 혹은 충동적으로 음식을 추구하는지 그 정도를 결정한다. 수많은 인지와 감정이 섞여 있다. 때문에 진료를 할 때 빵 섭취를 줄여야 하는 환자에게 행동만 치료하려 "빵 먹지 마세요"라고 진료를 하면 대부분 실패한다. 인지와 감정이 얽혀 있으므로 이를 치료해야지만 행동이 바뀔 수 있다.

얼마나 중독이 심한지 측정할 수 있는 도구들이 있다. 특히 과다섭취 금단뿐만 아니라 내성 등 여러 가지 요소가 얼마나 심한지를 측정할 수 있다. 행동, 식사, 섭식행동 평가에 관한 질문들을 통해서 감정적으로 먹는지, 아니면 외부적·상황적 이유로 먹는지, 아니

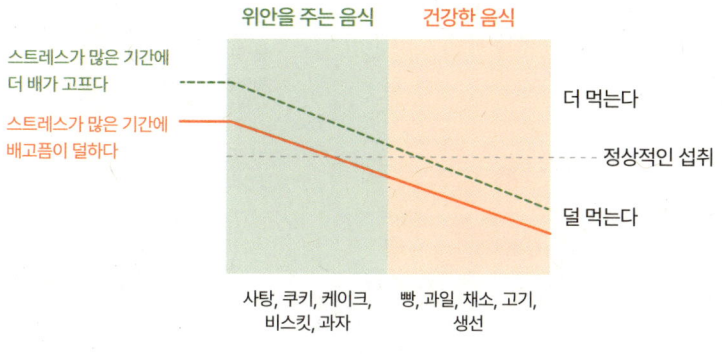

스트레스와 음식 섭취

면 안 먹으려고 너무 노력하는지 알아낼 수 있다. 이 문항을 통하여 체형에 대한 인지 왜곡 정도를 알 수 있기도 하다. 왜곡이 심할수록 치료를 할 때 더 잘 대응해야 된다.

이 도구들을 사용하여 최대한 개인별 맞춤으로 비만을 치료하려는 시도를 했다. 행동에 관련된 요소들과 심리적 요소들이 어떻게 체중을 바꾸고 몸을 변화시키는지 조사하고 치료를 시작했다. 각 요소 가운에서도 여러 음식과 간식을 대상으로 폭식, 야식 등을 비교하여 연구했고, 그다음 다양한 감정, 동기, 인지들을 평가한 후 치료하기 위해서 구글 설문지를 사용했다.

일주일간 매일매일 식단 조사, 설문지를 통한 감정과 인지 조사, 인바디를 통한 체지방 변화 관찰, 개인 코칭을 했다. 두세 달에 한 번씩 만나며 처방을 했을 때는 그다지 효과가 없었지만, 치료자가 매일 기록한 식사나 운동, 인지와 감정에 관한 정보를 토대로 매일

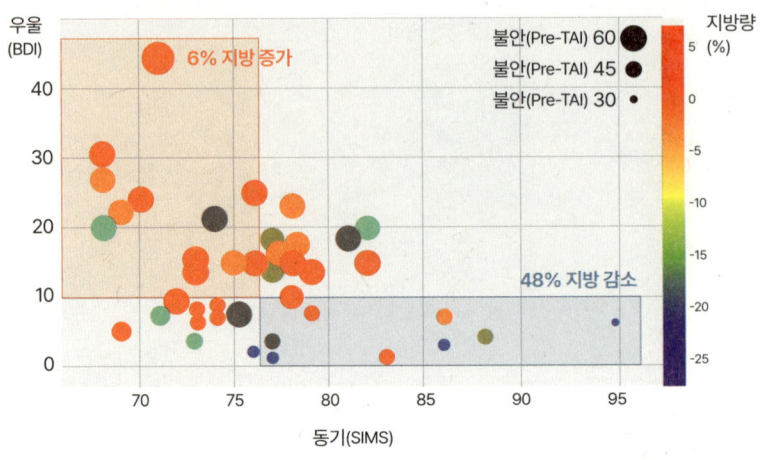

동기 수준, 우울, 불안의 개인 간 차이가 치료 효과를 결정한다.

상담을 했더니 훨씬 더 효과적으로 치료할 수가 있었다.

75명을 대상으로 이러한 임상시험을 8주간 진행했다. 액티브 컨트롤 애플리케이션만 사용할 때와 개인 코칭을 할 때를 비교해서 실제로 체중뿐만 아니라 식습관도 얼마나 변했는지 연구했다. 실험 결과 8주 동안 체중이 크게 줄어드는 것을 관찰할 수 있었다. 8주 후에 모든 치료를 중단했을 때 더 이상 요요 없이 스스로 체중을 줄일 수 있을 만큼 근본적인 생활습관을 고쳤다는 것을 알 수 있었다.

이를 잘 수행한 사람을 살펴보면 점점 오르락내리락하면서 제자리를 찾아가다가 체지방이 반으로 줄어들었다. 그러나 잘 수행하지 못한 사람들은 점점 나빠지는 걸 볼 수 있다. 참가자 전원의 처음 동기 수준이 어땠는지, 우울 정도와 불안 정도는 어땠는지를 살펴보았더니 가장 동기가 높고 우울하지 않았던 사람의 체중 감소 효과가 제일 좋았다.

우리는 참가자를 네 가지 유형으로 분류하였다. 동기도 좋고 우울하지 않았던 사람, 동기는 좋지만 우울함이 있는 사람, 동기는 나쁘지만 우울하지 않은 사람, 동기도 나쁘고 우울함도 있는 사람 이렇게 네 가지 유형으로 분류하였다.

그리고 치료 효과가 좋은 군과 치료 효과가 좋지 않은 군을 비교해서 살펴보았다. 우울하거나 동기가 없는 사람들은 치료 효과가 좋지 않았다. 이 사람들에 대한 치료를 고민하였다. 우울 증상이 있는 사람의 경우 먼저 우울을 치료하고, 왜 체중을 줄여야 하는지 등 동기를 강화한 다음 치료하는 게 좋겠다고 판단했다. 또한 우울증 치료 동기가 부족하면 동기 강화 치료를 시작했다.

현재 처해 있는 환경 즉, 직장 환경이나 사회적 환경과 같은 외부 환경은 그대로 둔 채로 체중만 바꿔놓으면 다시 원래 체중으로 돌아간다. 그러나 생활을 재세팅하면 체중은 자연스럽게 새로운 포인트로 옮겨갈 수 있다. 몇 개월이라는 기간이 중요한 게 아니라 근본적인 생활습관의 변화 여부가 중요하다.

앞선 실험에서 8주 만에 근본적인 생활습관을 바꾸어 재세팅을 할 수 있었던 것은 사회 문화적인 환경, 직업적 환경, 관계적 환경, 습관적 환경을 고쳤기 때문이다. 외부 효과를 바꿔서 생활습관을 새롭게 했더니 그 사람의 삶도 바꿔낼 수 있었다.

다양한 심리 설문지로 증상을 평가하는 것이 중요하다. 특히 안 좋은 감정 때문에 감정적 폭식을 많이 하는 사람을 발견하게 된다면, 그 사람의 현재 기분이 왜 그런지에 대한 이유를 밝혀야 한다. 그다음에 감정적 폭식을 어떻게 해결할지 대안을 마련해야 한다. 가령 아주 비싼 PT personal training를 한다든지, 값비싼 자전거를 구입해 탄다든지 등 감정적 폭식을 해결할 수 있는 대안을 찾아주는 것도 좋다.

먹는 쾌락은 생존을 위한 나침반으로 인간에게 진화적으로 중요했다. 비만을 치료하기 위해서는 먹는 습관에 대한 쾌락적·중독적 분석과 치료가 중요하다. 마약이나 담배와 같은 기호 행위로 접근하여 예방과 치료를 해야 더 좋은 치료가 될 거라고 생각한다. 또한 사회적 노력 및 연구와 개발도 중요하다. 쾌락을 치료할 수 있는 사회 활동과 법이 필요하며 다양한 약을 비롯한 치료법을 개발해야 한다.

자기 체형을
어떻게 인지하고 있습니까?

현대인의 식습관과 체형에 영향을 주는 중요한 요소로 '자기 체형에 대한 인지'가 있다. 자기 몸을 바라보면서 "나는 왜 이렇게 살이 많이 쪘을까?" 생각하는 사람들이 있다. 살이 많이 쪄서 사회적으로 버림받을 거라고 두려움을 가지기도 하고, 살쪘다고 착각을 하면서 먹고 나서 토하는 증상이 발견이 되기도 한다. 이처럼 먹고 토하는 단계까지 가게 되면 음식중독과 식욕과 탐식과 폭식은 더욱더 복잡하게 꼬이는 상황이 된다. 음식중독은 폭식을 만들기도 하고 신경적 폭식증, 즉 먹고 토하는 거식증으로 이어지는 경우도 있다. 이는 자신의 체형을 왜곡해서 인지하게 한다.

특히 이러한 경향은 현대 여성들에게 많다. 문제는 이 사람들 가운데는 대체로 아주 마른 사람들도 많다는 점이다. 신체를 왜곡하여 인지하면 섭식행동에 큰 합병증을 만들기도 한다.

반대로 남자는 자기가 너무 말랐다고 착각을 하는 반대 방향의 현상을 주로 보인다. 여자의 경우와 반대로 다른 남성과 본인의 체형을 비교하면서, 자신은 너무 왜소하고 신체적으로 열등하다고 위축되는 마음이 생기는 것이다.

특히 청소년과 청년 시기에 남자들은 육체적 완력에 대해 의식적·무의식적으로 많은 영향을 받게 되는데, 체격이 건장하고 무거운 것을 거뜬하게 드는 남자가 옆에 등장하면 위축되기도 한다. 또, 본인이 모임에서 가장 건장하고 누구와도 싸워서 이길 수 있다는 생각이 들면 우쭐해지고 자신감이 생기기도 하고 목소리가 커지는 경향이 있다. 이런 현상을 근육체형왜곡증Muscle Dysmorphia이라 부르기도 한다.

음식중독도 다른 전통적인 중독과 마찬가지로 DSM-5 물질중독의 진단 요건들인 삶의 질 저하, 신체적 의존, 내성, 금단, 통제 실패, 갈망 등에 해당하는 증상들이 흔하게 발견되어 중독이라고 부를 수 있는 심리적·진단적 요건을 갖추고 있다. 대표적인 음식중독 진단 도구인 예일대학교 음식중독 척도Yale Food Addiction Scale에서도 음식과 관련한 전형적이고 전통적인 중독의 진단 요건들을 평가하고 있다.

우리는 다양한 감정 때문에 먹는다. 마른 체형에 대한 사회적 압박은 일시적으로는 덜 먹도록 할 수 있다. 하지만 과도한 절제는 오히려 과도한 갈망을 만든다. 스트레스와 중독 등 여러 복합적인 감정들이 우리를 건강하지 않은 감정적 폭식으로 이끈다. 우리 마음속에 자리 잡은 이러한 요소들을 발견하는 것이 시작이다. 그래야만 우리의 행동을 더 잘 이해하고 벗어날 수 있다.

특히 중요한 것은 다음 세대를 위해 더 건강한 사회적 문화와 식

스트레스 등 여러 복합적인 감정들이 우리를 건강하지 않은 감정적 폭식으로 이끈다.

습관을 만드는 것이다. 문화산업과 식품산업이 만든 심리적 요소들이 우리 다음 세대들을 병들어가게 하고 있다.

우울한 기분과 강력한 식욕이 함께 올 때, 해야 할 일

우울한 기분과 함께 찾아오는 강력한 식욕을 우리는 어떻게 해야 할까? 이러한 기분과 식욕은 잠깐 떨쳐냈다가도 시간이 지나면 다시 마음속 깊숙한 어두운 곳에서 스물스물 차오르기 시작한다. 결국 참았던 만큼 더 먹어버리기 전까지는 떨쳐내기가 너무 어렵다. 지하 깊은 곳까지 나를 끌어내리는 이 강력한 욕구를 이겨낼 방법이 없을까?

이 장 앞에서 언급한 사례는 2024년 KBS〈생로병사의 비밀〉에서 방영한 이야기이다. 나는 이때 출연하며 성공적으로 이겨낸 분들의 사례에서 용기를 찾는다.

중년 여성 비만 환자는 나를 비롯한 여러 사람과 함께 했던 첫 면담 자리에서 울음을 터뜨렸다. 자신의 모습으로 인해 낮은 자존감을 가지고 있었고, 당뇨병을 비롯한 혈관합병증 등으로 아주 심하게 고생을 하다가 죽을지도 모른다는 공포로 가득했다. 이런 부정적인 감정은 더욱더 감정적 섭식으로 이어지게 하는 악순환의 고리를 만든다. 너무 강력한 감정적 고리가 느껴져 쉽게 해결하기 어려울 수도 있을 것 같아 걱정하기도 했었다. 하지만 다행히 6주 간 치료를 통해서 그는 이 악순환의 고리에서 벗어날 수 있었다.

1. 자기효능감을 끌어올리자

먼저 "나는 할 수 있다"라는 자기효능감을 끌어올리는 것이 중요하다. 가장 근원적인 시작은 할 수 있다고 믿는 데서부터 일어난다.

반대로 "나는 할 수 없다"라는 생각과 "여러 번 시도해 봤지만 모두 실패했다" "다 해봐서 안다. 나는 안 된다"라는 절망감이 가장 강력하게 악순환의 늪에 깊숙이 빠지게 만든다. "할 수 있다" "잘 될 것이다"라는 자기효능감과 낙관적으로 미래를 예상하는 마음이 항상 깔려 있어야 한다.

하지만 반복된 실패 경험은 늘 발목을 잡는다. 그렇다면 이런 자기효능감을 어떻게 하면 만들 수 있고 유지할 수 있을까?

2. 도움을 청한다

도움을 요청하고 받는 것을 추천한다. 앞서 〈생로병사의 비밀〉에서 참가자들이 성공할 수 있었던 가장 중요한 요인은, 이전에는 혼자 노력하던 것을 이때는 나를 비롯한 연구진과 또 방송제작진과 함께 노력한 것이다. 처음 만남에서는 울었지만, 또 그만큼 솔직한 마음을 나누었기에 서로 의지하고 신뢰할 수 있었다.

참가자들은 이제는 더 이상 혼자가 아니라는 신뢰를 바탕으로 어려움을 이겨냈다. 하루 3번 식사 사진을 보낼 때마다 격려와 응원을 함께했고, 잘한 부분에 대해 구체적인 칭찬을 즐겁게 나누었다. 또 앞으로 어떻게 잘 해낼지 희망적이고 낙관적인 실천 방안을 나누었고, 나아가 더 장기적인 비전을 함께 그리며 기뻐했다. 누구나 혼자서는 작심삼일을 벗어나기 어렵다. 하지만 신뢰하는 사람들이 함께한다면 잠시 넘어졌다가도 다시 일어날 수 있다.

3. 기록한다

객관적인 정보들을 기록하고 자기 자신을 살펴보는 것에는 강력한 힘이 있다. 반대로 우리를 파멸의 늪으로 빠뜨리고 나오지 못하게 하는 가장 강력한 힘 중 하나는, 자기 자신을 있는 그대로 보는 것을 두렵게 만드는 현실도피의 힘이다. 현실도피는 우리 뇌의 가장 교묘한 방어기전이다. 현실도피 속에서는 모든 감각과 평가를 무감각하게 할 수 있다. 그곳으로 도망가면 어두운 늪에서 편안하게 있을 수 있다. 하지만 마음속 깊은 곳은 늘 불안하다. 현실도피에서 빠져 나와야 한다.

기록하면 실제를 직시할 수 있다. 상상 속 고통이 실제 고통보다 항상 훨씬 더 크다. 막상 실체를 보고 나면 상상했던 것만큼 심각하지 않다. 자신을 기록하고, 기록한 내용을 신뢰하는 사람들과 나누는 것만으로도 절반 이상의 성공이다. 기록을 하면 자신이 잘하고 있는 부분들을 발견해서 칭찬할 수 있다. 또한 자신이 더 잘할 수 있는 부분도 쉽게 발견할 수 있다. 지난 기록과 이번 기록을 비교하며 자기효능감을 높이기에도 좋다.

기록은 언제나 귀찮고 힘들다. 귀찮고 힘듦을 덜어주는 서비스들을 활용해볼 수 있다. 스마트폰 시대가 되어 다양한 앱이나 서비스들에서 적은 노력으로도 많은 것을 기록할 수 있도록 돕고 있다. 음식 사진을 찍으면 음식 종류를 인공지능으로 구분해주는 서비스들도 있다. 식단이나 운동 기록 등도 쉽게 입력할 수 있다. 함께 노력하는 사람들과 만든 단체 채팅방도 좋은 기록의 수단이다. 서로 기록하며 응원하면 더욱 탄력을 받아, 지치다가도 다시 힘을 내는 사회적 기록을 함께 만들 수 있다.

4. 즐거운 일을 만든다

즐거운 일을 만드는 노력이 중요하다. 우울한 생각에 빠져서 우울한 일이 없어지기를 바라는 정도로는 강력한 힘과 탄력이 생기지 않는다. 억지로라도 좋아하는 일, 즐길 수 있는 일들을 생각해낸다. 나쁜 일이 없어지는 것에만 집착하지 말고, 좋은 일이 얼마나 더 생길 수 있는지를 생각하고 실제로 하나하나 성공 사건들을 만들어나가야 한다. 성공 사건들을 기록하고, 신뢰하는 사람들과 나누고, "나는 할 수 있다" "나도 행복해질 수 있다"는 마음가짐으로 나아간다.

성공 사례들을 분석해보면, 다양한 활동을 즐겁게 한 것이 큰 비결이었다. 커다란 활동일 필요없다. 작은 즐거움을 쌓아나가면 된다. 앞선 사례에서 중년 여성의 경우 손주들과 즐겁게 춤을 추는 모습을 동영상으로 찍어 함께 나누었는데, 덕분에 모두 즐거웠고 더 힘을 낼 수 있었다. 문제의 해결 정도에만 머물지 말고, 기분 좋은 활동을 하며 즐거운 일들을 만들어가야 한다.

7부

삶의 흐름을 바꾸는
거대한 지각변동

여러 분야 간의 경계가 사라지고
사회는 급변하고 있다.
기술은 끊임없는 변화를 요구한다.
우리는 이 기회를 어떻게 이용할 것인가?

자기 조절에 도움을 주는
혁신적 비만치료제

최형진

매우 강력하고 효과적이며 안전한 비만치료제가 널리 쓰이고 있다.
수많은 사람들이 새로운 비만치료제 덕분에
식욕 문제에서 벗어나고,
죽을 뻔했던 사람들은 목숨을 구할 것이다.

이제,
모든 문제가 해결된 것일까?

자기 조절에 도움을 주는 혁신적 비만치료제

우울과 불안이 만드는
나쁜 습관

이혜윤 씨는 비만 때문에 위 절제술까지 받았다. 비만으로 인해 당뇨, 고지혈증, 간 수치 등이 매우 높아 몇 해 전 위 절제 수술을 했다. 이후 10kg을 감량한데다 비정상적으로 올라갔던 수치도 낮아졌다. 그러나 몇 년 지나니, 살은 다시 찌기 시작했다. 평소 식사량도 많지 않은데 도대체 살이 왜 찌는지 모르겠다고 그는 토로했다.

윤민아 씨는 되도록 간단하게 먹으려 노력하고 영양소 균형을 맞추려 한다. 그런데도 키 160cm에 체중 83kg으로 살이 찐 체형이다. 운동도 열심히 했다고 한다. 그 역시 도무지 살이 찌는 이유를 알 수 없다고 호소했다.

비만한 사람들은 모두 자기만의 문제가 있다. 그 문제를 본인이

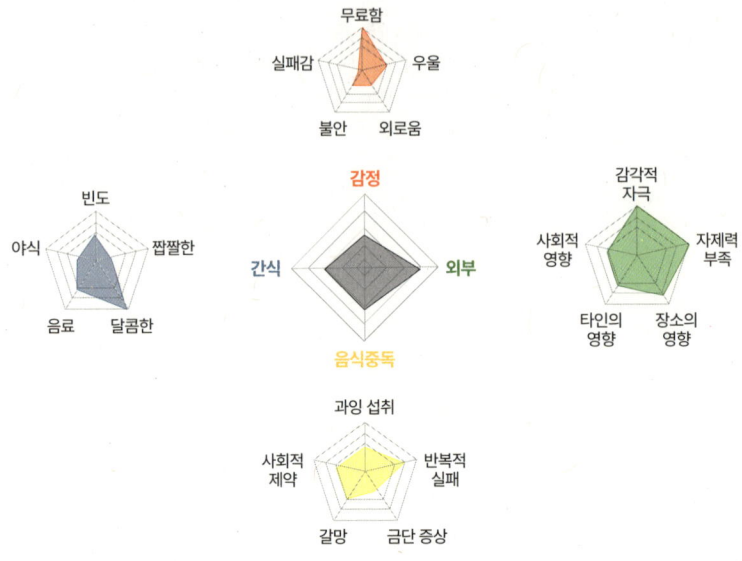

치료 전, 심리설문검사 결과지. 감정, 외부요소, 음식중독, 간식 4부분으로 나누어 분석했다.

알고 있는 경우도 있지만, 더 큰 문제는 자기 스스로도 부인하고 부정하고 외면하는 경우다. 디지털 도구나 환경을 이용하면 숨겨져 있는 원인을 알아낼 수 있다.

우리 연구팀은 비만 환자의 체중 조절 실패 요인을 제거하는 인지행동치료에 디지털치료를 접목시킨 디지털인지행동 치료법을 두 사람에게 시행하기로 했다. 검사를 하고 심리상담을 진행하며, 누구에게도 함부로 못했던 속내도 들을 수 있었다. 다음으로 심화 설문조사를 했고, 설문 결과는 그래프로 시각화해서 공유했다.

결과를 분석하여 '감정, 외부요소, 음식중독 여부, 간식 섭취 정도' 4가지로 요인을 나누었다. 이혜윤 씨는 특히 간식 문제가 심각

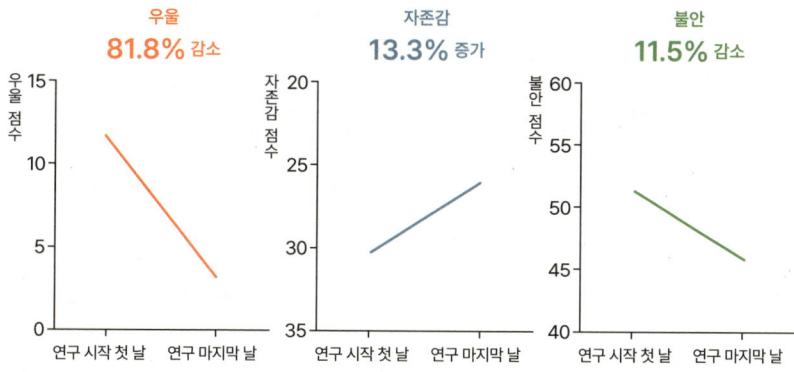

치료 전과 후 심리설문검사 결과 변화. 우울과 불안은 감소하고 자존감은 증가했다.

했다. 간식으로 단 음식 섭취가 많다는 것이 설문에서도 아주 극명하게 수치로 나타났다.(위 도표) 두 번째로 외부적 요소가 강했다. 특히 손주를 돌보느라 많은 시간을 보내는 그는 손주들이 먹다 남긴 간식 등 손주들을 돌보는 상황과 관련해서 관리가 어려웠다.

윤민아 씨는 4가지 요인 모두 심각하게 나타났다. 특히 우울한 감정, 신체에 대한 나쁜 기억, 감정적 요소가 식습관 관리를 어렵게 만들었다. 특정 음식에 대한 갈망이 높아지는 중독적 요소도 매우 높게 나타났다.

우리 의료진은 두 사람과 일주일간 휴대전화로 식습관을 공유했다. 처음에는 어색해하던 참여자들이 갈수록 참여도가 높아졌고 의료진과 소통빈도 또한 높아졌다.

5주 뒤, 효과는 눈에 띄게 좋았다. 체중도 줄어들었지만 더 큰 변화는 다른 데 있었다. 의료진이 수시로 보내주는 과제를 하다 보니 새로운 습관이 생겼다. 채소를 챙겨 먹는 습관과 천천히 먹는 습관, 남은 음식을 과감히 버리는 습관이다.

"많은 양의 식사도 5분 이내면 다 먹었어요. 그런데 지금은 20분 정도 걸려요."

윤민아 씨는 조언에 따라 단백질 섭취 비율을 늘리고 식품 대량 구매도 더는 하지 않는다. 밥은 잡곡밥을 얼려두었다가 하나씩 해동해서 먹는다.

"전에는 불안하고 초조함이 컸어요. 그런데 이제는 조급한 마음을 가지지 않으려 생각하고 있어요."

두 사람 모두 심리설문 결과 우울과 불안은 감소하고 자존감은 증가했다.

비만은 몸에 누적된 지방의 문제다. 체중 감량 시, 이 지방을 갑자기 없애는 것이 중요한 것이 아니다. 매일 열량이 몸에 얼마나 들어가고 몸이 얼마만큼의 열량을 쓰는지 그 흐름이 중요하다. 감정적 폭주나 잦은 간식 섭취 등 잘못된 습관이 개선되는 방향으로 흐름이 이어지면, 체지방률이 내려가고 지방량이 줄어드는 경향을 발견할 수 있다. 그 경향을 유지한다면 지방은 줄고 근육은 늘어난 체형으로 바뀔 수 있다.

우리 연구팀은 비만한 성인 70명을 대상으로 한 연구 결과 인지행동치료를 함께 시행한 그룹의 감량 효과가 훨씬 컸다. 이처럼 인지행동치료에 디지털치료를 접목시킨 디지털인지행동 치료법은 바꾸기 어려운 나쁜 습관을 개선하여 좋은 삶을 향해 나아갈 수 있도록 돕는다.

자기 조절에 도움을 주는 비만약
(삭센다, 위고비, 젭바운드 등)

일상에서 함께하며 우리 삶이 건강할 수 있도록 도움을 주는 연구가 계속 진행되고 있다. 과학은 점점 더 발전하고 있다. 새로운 기술과 방법이 개발되어 다양한 형태로 편리하게 건강을 지켜줄 것이다. 이 가운데 현재 가장 뜨거운 감자인 비만약이 있다.

비만약에는 크게 식욕 억제제와 장영양분 흡수 억제제가 있다. 현재 효과가 좋은 식욕 억제제는 삭센다Saxenda, 위고비wegovy, 젭바운드Zepbound와 같은 GLP-1 호르몬 유사 약제들이다. 이 약들은 현재 판매되고 있다. GLP-1은 음식 섭취 후 장에서 분비되는 장호르몬으로 배부름을 유발하는 기능이 있다. 이런 GLP-1과 유사한 기능을 하는 약물을 만들어 투약하여 배부름을 많이 느끼게 하는 것이 GLP-1 계열 식욕 억제제의 가장 중요한 치료 기전이다.

이런 GLP-1 계열 약제 외에도, 예전에는 교감신경을 자극하여 식욕을 억제하는 약제들이 오랫동안 사용되었다. 이 약은 교감신경을 자극하기에 가슴이 두근거리고 잠이 잘 오지 않는 등 여러 부작용이 있다. 이외에도 우울증 치료제 성분을 기반으로 하는 식욕 억제제도 있다.

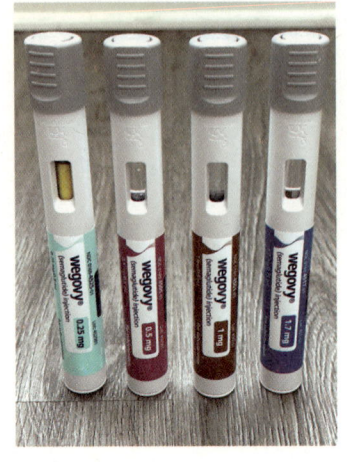

위고비

GLP-1 호르몬 기반 식욕 억제제들은 인류에 강력한 변화를 가져왔다. GLP-1이 의학계, 제약산업, 사회 전반에 미치는 영향력을 살펴보자.

1. 의학적 영향력

비만 환자 입장에서, 강력한 체중 감소 효과 방법이 생겼다. 이전까지도 여러 가지 비만약이 있었으나 체중 감소 비율이 5% 정도이거나 그보다 낮아서 그다지 만족스러운 체중 감소 효과를 기대할 수는 없었다. 하지만 삭센다, 위고비, 젭바운드로 이어지는 GLP-1 신약 개발은 15~20% 이상 강력한 체중 감소 효과를 보여주고 있다.

강력한 치료 효과로 인해 환자 개인의 치료뿐만 아니라 비만의

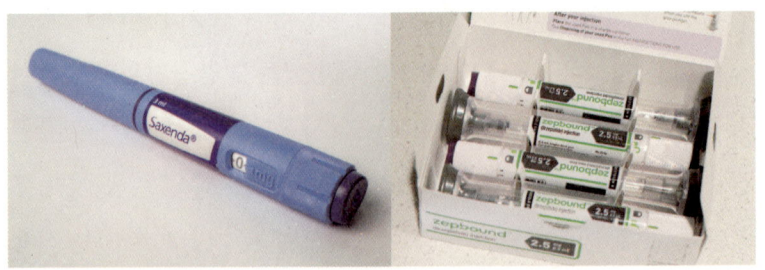

삭센다(왼쪽), 젭바운드(오른쪽)

사회적 유병률도 변하고 있다. 현재까지 미국 사회에서 비만 유병률은 꾸준히 높아지고 있었다. 그런데 위고비 등 GLP-1 비만약이 출시된 이후로 미국 역사상 처음으로 계속 높아져가던 비만 유병률이 감소하는 방향으로 꺾이는 현상이 관찰되고 있다. 개인만이 아닌 사회를 치료하고 있는 것이다.

더 나아가 체중만 감소하는 것이 아니라, 비만, 당뇨, 고지혈증,

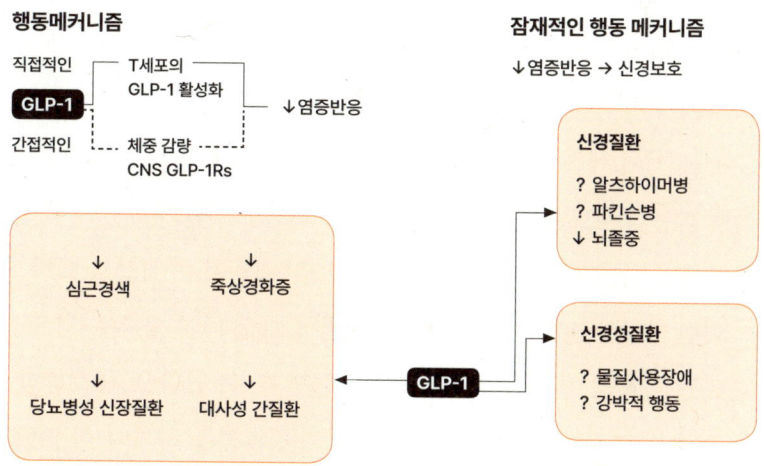

CNS(중추신경계, central nervous system)
GLP-1(글루카곤 유사 펩타이드-1, glucagon-like peptide-1)
GLP-1R(GLP-1 수용체, GLP-1 receptor)

GLP-1 약제의 비만을 뛰어 넘는 다른 좋은 효과들. GLP-1 약제가 T 세포 같은 면역세포의 GLP-1 receptor 수용체에 작용해서 면역세포를 활성화해서, 염증반응 inflammation을 감소시킬 수 있다. 이런 염증반응의 감소는 신경보호효과를 통해서 알츠하이머 치매, 파킨슨병, 뇌졸중 등을 예방하는 효과가 보고되고 있다. 더 나아가 신경정신병 치료 효과도 보고되고 있다. 마약 중독, 강박증에서도 치료 효과가 보고되고 있다.

고혈압 등 만성대사 질환들의 최종 치료 목표인 심뇌혈관 질환과 사망까지도 20% 정도 낮추는 생명연장 임상효과가 2023년에 입증되었다.[1]

심뇌혈관 질환뿐만 아니라, 체중 감소로 인한 무릎 관절통의 개선 효과도 입증되었다. 현재까지 약이 없었던 지방간 질환들에 대해서도 강력한 치료 효과가 입증되고 있다.[2]

이런 체중과 관련된 치료 효과뿐만 아니라, 예상하지 못했던 치료 효과들도 보고되고 있다. 술, 담배, 마약, 도박 등 다양한 중독 질환들의 감소와, 강박증의 감소가 보고되고 있다. 알츠하이머 치매, 파킨슨병과 같은 신경퇴행성 질환의 감소도 보고되고 있어서, GLP-1 약이 식욕과 비만을 치료하는 작용 외에 특별히 면역세포에 직접 작용할 수도 있다는 완전히 새로운 기전도 제안되고 있다. 비만 치료제가 아닌 신비로운 만병통치약으로[3] 바라보는 시선도 있다.

이런 다양한 질병에 대한 효과와 기전에 대해, 나의 생각은, GLP-1 호르몬 자체의 기전으로 어느 정도 설명할 수 있다고 생각한다. GLP-1 호르몬이 본래 포만감을 유발하는 기능을 하기에 이 약제를 투약하면 '포만감에 의한 나른함'에 의해서 다양한 욕구들이 감소할 수 있어서 여러 중독과 관련한 욕구도 줄어들 수 있다.

또한 비만이 치매 등 다양한 질병들의 발병에 기여하는 역할이 있으므로 비만 자체를 강력하게 치료하면 간접적으로 치매 등 다른 질병의 발병도 감소할 수 있다. 하지만 GLP-1 약제의 기전은 아직 모두 다 알려진 것이 아니다. 식욕을 통한 기전 외에 GLP-1

이 직접 면역세포 등에 작용하여 발생하는 전혀 다른 치료 기전이 발견될 가능성도 있다.

나는 지난 10년간 GLP-1 약제의 기전에 대해 꾸준히 연구해 왔다. GLP-1 투약이 뇌 어느 부위에 어떻게 작용해서 음식에 대한 식욕 반응을 억제하는지 규명하기 위해 맛있는 음식 사진을 보여주고 뇌의 어느 부위가 활성화되는지 평가하는 기능자기영상 functional MRI 연구를 수행했다. GLP-1 약제를 투약한 경우와 투약하지 않은 경우를 비교하여 GLP-1 약제가 음식에 대한 뇌 반응을 어떻게 바꿀 수 있는지 규명했다. 흥미롭게도 식욕과 에너지대사를 조절하는 시상하부의 뇌 반응에서 차이를 발견했다.[4]

또 다른 연구에서는 실제 진료 현장에서 삭센다 GLP-1 약제에 의한 체중 감소가 얼마나 효과적인지 아시아 최초로 진료 현장 조사 First real-world retrospective data on Saxenda in Asia를 수행하여, 실제 진료 현장에 상당수 존재하는 무반응군 non responder들을 미리 예측할 수 있는 방법에 대한 연구 결과를 발표했다.[5]

동물 실험으로는 GLP-1 호르몬에 추가로 GIP 호르몬이나, 옥시토신 호르몬을 뇌에 투약하는 복합호르몬 치료 효과에 대한 논문들을 발표했다.[6] 이 중에서 특히 GLP-1 호르몬과 GIP 호르몬을 복합했을 때 발휘하는 강력한 시너지 효과를 2017년 발표했었는데, 이후 여러 제약회사들은 이 복합호르몬 약제를 개발하였고, 현재 미국 등 해외에서 젭바운드라는 20% 이상 강력한 체중 감소 효과를 보이는 약으로 시판되고 있다.

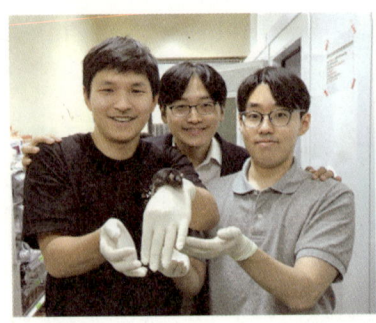 

함께 연구한 연구팀. 왼쪽 사진: 서울대 김규식, 필자, 박준석. 오른쪽 사진: UTSW대학 케빈 윌리엄스 Kevin Williams, 황은상.

우리 연구팀은 GLP-1이 뇌의 어느 부위에서 작용하여 어떤 심리적 기전으로 식욕을 억제하는지를 규명하여 2024년 세계적인 과학 저널인 〈사이언스〉에 논문을 게재하였다. 논문 제목은 'GLP-1 increases preingestive satiation via hypothalamic circuits in mice and humans(GLP-1은 쥐와 인간의 시상하부 회로를 통해 섭취 전 포만감을 증가킨다)'로, 장 호르몬 유사체인 GLP-1 비만치료제가 음식 인지만으로도 배부름을 유발하며, 구체적으로 뇌의 어느 부위, 어느 종류의 세포에 작용하여 이 효과를 유발하는지에 대한 기전을 규명했다. 이는 우리 연구팀이 수행한 연구 중에서 가장 중요한 연구다.

우리는 이 연구에서 GLP-1 약이 시상하부의 배부름 신경들을 음식을 인지할 때부터 증폭시킴을 밝혔다. 우선 사람에게 GLP-1 약을 주사했을 때, 음식을 삼키기 전에 음식을 인지하는 것만으로도 배불러짐이 높아지는 현상을 설문지로 측정하여 입증했다. GLP-1이 작용하는 뇌 부위를 찾기 위해, 사람의 뇌 조직에서 GLP-1R(GLP-1 수용체)의 분포를 분석한 결과 '등쪽 안쪽 시상하부 신경핵DMH, Dorsomedial hypothalamus'에 많이 분포했다.

쥐의 뇌 조직에서도 같은 부위에 GLP-1R이 발견되었다. 이에 첨단 신경과학 도구를 쥐에 적용하여 배부름 유발 기전을 연구했다. 광유전학을 이용해 DMH에 있는 GLP-1R 신경을 인위적으로 활성화하면 배부름이 유발되어 쥐가 식사를 즉각 중단하는 것을 밝혔다. 반대로 DMH GLP-1R 신경을 인위적으로 비활성화하면 배부름이 억제되어 식사를 중단하지 않고, 식사 지속시간이 증가하였다.

나아가 장소나 행동이 음식과 연관되어 있다는 것을 학습한 쥐는 DMH GLP-1R 신경이 음식을 인지할 때부터 활성화되었다. 또한 GLP-1 약물을 쥐에게 투여했을 때, 음식을 인지한 후 섭식행동 시 이 신경이 더욱 민감하게 변화하였다. 종합적으로 연구진은 음식 인지만으로도 배부름이 발생하는 뇌중추의 시상하부 기전을 규명하였다.

한편 자유로이 움직이는 쥐에서 DMH GLP-1R 신경들의 단일세포 활성을 머신러닝으로 분석한 결과, 음식 섭취 전부터 활성화되는 집단과 음식 섭취 중 활성화되는 집단으로 2종류로 구분하기도 하였다. 또 배부름 신경으로 밝힌 DMH GLP-1R 신경과 전통적으로 배고픔 신경으로 알려져 있는 궁상핵ARC, Arcuate Nucleus AgRPAgouti-related peptide 신경의 연결을 전기생리학적으로 밝혀 배부름과 배고픔의 긴밀한 상호작용 과정을 밝혔다.

우리 연구팀은 그 이후에도 GLP-1 약에 반응하는 다양한 뇌 부위들을 발굴하고, 동물실험을 통해 또 다른 치료 기전을 연구하는 중이다.

2. 제약산업에 일으킨 지각변동

GLP-1 약제는 제약산업에 지각변동을 만들고 있다. 현재 삭센다와 위고비를 판매하는 노보 노디스크는 본래는 인슐린을 만드는 덴마크의 작은 제약회사였으나 지금은 유럽에서 루이뷔통, BMW 등 다른 거대 회사들을 모두 합쳐도 그보다 시가총액이 큰 회사로 성장했다. 또한 GLP-1 계열의 또 다른 약인 젭바운드를 판매하는 미국 회사 일라이 릴리는 시가총액이 전 세계 제약회사 중 1위가 되었다.

강력한 치료 효과와 높은 비만 유병률로 인하여 GLP-1 약제들은 가장 중요한 제약 시장이 되었다. 이로 인해 지금도 수많은 제약회사들과 바이오 회사들이 GLP-1 계열의 새로운 약들을 개발하고 있다.

3. 사회 전반에 미치는 영향

의료 분야 외에도 사회 전반에 미치는 영향들이 막대하다. 워낙 비만은 흔한 질병이고 식습관 등 사회 중요 산업들과 연관되어 있기에, 이렇게 강력한 식욕 억제제가 등장하고 흔하게 사용되면서 관련 산업들에도 큰 변화가 발생하고 있다. 직접적으로는 식욕 억제로 인해서 관련된 식품·요식업 산업의 주가에 부정적인 영향을 주고 있다고 한다.

더 나아가서는 평균적인 체중 감소가 비행기 기름이 소모되는 양을 줄일 것이기에 항공사들의 주가에는 긍정적인 영향을 준다고 한다. 또한 이런 비만 치료 효과와 연관된 여러 미용 산업들도 재편성되고 있다. 운동과 식습관 조절과 무관하게 약만으로도 상당히 좋은 비만 치료 효과가 있어서 운동과 다이어트 산업 측면에서는 부정적인 효과가 예상된다.

GLP-1 비만 약제의 독특한 역사

GLP-1 비만 약제의 탄생에는 매우 독특하고 비범한 역사적 특징이 있다. GLP-1 약제는 본래는 췌장의 인슐린 생산 베타 세포를 자극하는 기전 때문에 당뇨병 약제로 개발되었다. 내가 전공의이었던 2005년에 당뇨병 약제로 승인이 되어 당뇨병 환자에게 사용되기 시작했다. 지금까지 거의 20년 가까이 많은 환자 경험이 쌓인 약제인 것이다.

2005년에 초기 임상시험 결과들을 제약회사와 분석할 당시 흥미로운 현상이 있었다. 모든 임상시험에서 대표적 부작용으로 체중 감소가 관찰되는 것이었다. 일반적으로는 신약 개발 과정에서 체중 감소 부작용이 관찰되면 간독성, 세포독성 등 정말 해로운 부작용으로 발전할 위험을 걱정한다. 하지만 이 경우에는 특별히 다른 해로운 문제들로 발전하지는 않고, 안정적으로 일정한 체중 감소가 관찰되었다. 그리고 수년간 수많은 환자들을 관찰해도 체중 감소와 관련한 해로운 부작용들이 더 관찰되지 않았다.

당시에도 그렇고 지금도 GLP-1이 우리 몸 어느 부위에 어떻게 작용하여 식욕을 억제하고 체중을 감소시키는지 명확하게 그 기전이 밝혀지지는 않았다. 일반적으로 신약개발에서는 충분한 세포실험과 동물실험을 통해 기전을 규명하고, 이후 환자를 대상으로 임상적 근거를 만들어간다. 하지만 GLP-1은 이런 독특한 역사적 해프닝 때문에 동물실험 근거 등으로 정확한 생물학적 기전은 밝혀지지 않았지만, 수년간 GLP-1 약제를 투약한 환자 근거가 가득했다. 사실 식약처, 의사, 환자에게 중요한 것은 생물학적 기전이 아니라 실제 임상적 치료 효능과 부작용에 대한 충분한 임상 결과다.

이런 독특한 역사 덕분에 GLP-1과 관련해서는 생물학적 기전은 잘 모르지만, 임상적 효능과 안전성이 확보되어 빠르게 비만약으로 승인된 사례라고 생각한다. 기전을 모르는 것은 아쉽지만, 20여 년간 매우 많은 사람들의 실제 투약 결과에서 치료 효과가 입증되었다는 점은 매우 긍정적이다.

GLP-1 비만 약제, 어떤 한계가 있을까?

GLP-1 약제들은 큰 성공을 하고 있지만 몇 가지 중요한 한계들이 있다.

한계 1. 강력한 요요현상

이 약들은 일정 기간 투약한 후 치료 효과가 생기면 중단한다. 질병의 원인을 치료하는 약이 아니다. 투약하는 동안만 식욕 억제라는 증상을 치료하는 대증치료제다.

따라서 몇 달간 투약하다가 중단하면 약을 투약하기 전 체중으로 다시 증가하는 요요현상이 매우 강력한 것으로 잘 알려져 있다. 따라서 식습관 등 다른 노력을 하지 않고 약에만 의존해서 살을 빼면 약을 중단한 뒤 다시 살이 찌기에 당뇨병, 고혈압 약처럼 평생 투약하게 될 수도 있다.

그러나 투약하는 동안 식습관을 혁신적으로 개선하고 그것이 자리 잡는 데 성공하면, 약을 중단해도 어느 정도 체중이 증가하는 요요현상이 있겠지만, 좋은 식습관은 남아 있기에 투약하기 전보다는 좋은 체중으로 지낼 수 있을 것이다.

한계 2. 근육이 감소하는 부작용

근육이 감소하는 부작용이 큰 문제로 이야기되고 있다. 이 약을 투약하며 어떻게 근력운동과 단백질 섭취를 강화했는지에 따라 다르겠지만, 임상시험 중에서는 감소한 체중 kg 중에서 거의 50%가 근육 감소에 의한 것으로 보고되기도 한다. 본래 식사량을 줄여서 살을 빼는 다이어트에서도 근육이 많이 감소하기에 당연히 예상했던 일이지만, 이렇게 근육이 많이 감소하는 것은 대사적 건강뿐만 아니라 신체 활동적으로도 위험한 근감소증을 유발할 것이라는 경고도 있다.

또한 약을 사용해서 체중을 빼고 약을 중단한 이후 체중이 증가하는 요요 현상을 반복하는 경우, 체중이 빠질 때는 근육이 같이 빠지지만 다시 찔 때는 근육이 같이 잘 회복하지 않기에 점점 더 근육이 줄어들고 체지방이 많아지는 심각한 체형 문제가 발생할 수도 있다.

따라서 현재 수많은 제약회사와 바이오회사들은 근육을 보호하거나 증가하는 신약을 개발하려고 노력하고 있다. 실제로도 체지방 양만큼이나 근육 양이 대사적으로 건강을 결정하는 중요한 요인으로 알려져 있다. 앞으로는 비만과 마름을 체형·체중 중심으로 나누지 말고, 근육 양과 체지방 양을 모두 고려하여 충분히 근육 양이 많아서 대사적으로 건강한 상태를 추구하는 방향으로 발전이 필요하다.

한계 3. 값비싼 가격

세 번째 한계로는 비싼 가격이다. 현재 승인된 GLP-1 약제들은 아미노산들로 만들어진 고분자 펩타이드이기에 고가의 생산과정이라 약 가격이 매우 비싸다. 그러다 보니 미국에서는 위고비, 젭바운드 등을 투약할 수 있을 정도로 재산이 있는 사람들에게는 부의 상징처럼 사용되고 있지만, 의학적으로 도움이 필요한 가난한 환자들에게는 오히려 투약이 어려운 문제가 있다. 현재 여러 회사들이 약 가격을 낮추기 위해 경쟁적으로 개발하고 있기에 가격 문제는 점차 해결될 수 있을 것이라 생각한다.

한계 4. 미용 목적을 위한 과도한 남용

GLP-1 약제들은 의학적 치료 효과도 있지만, 미용적인 외모 관리에 도움이 되는 효과도 있기에 부적절하게 남용될 위험이 크다. 우리의 심리상, 먼 미래에 의학적인 건강을 위해서 지금 노력해야 한다는 데는 동기부여가 잘 되지 않는다. 그러나 당장 눈에 보이는 미용적 효과에 대해서는 더 쉽게 동기부여가 되고는 한다.

현재 GLP-1 약제가 열풍인 원인 가운데는 건강을 위한 목적보다는, 미용을 위한 목적도 크다고 생각한다. 만약 마르고 근육도 별로 없는데 미용적인 목적으로 GLP-1 약제를 투약한다면, 미용적으로는 더 마른 몸매를 만들 수 있겠지만 건강의 측면에서는 매우 해로울 것이다.

이런 남용을 막으려는 제약회사, 정부, 의료계의 노력이 있으나 미용을 위한 구매 욕구가 워낙 높다. 게다가 비급여 제도 등 실질적으로 금지하기가 어려운 제도적 문제도 있기에 GLP-1 약제 남용 문제는 당분간 클 것으로 예상한다.

개인에 맞춤한 치료, 디지털 치료제

정신 건강과 신체 건강을 모두 치료하는 디지털 치료제Digital Therapeutics는 의학적 장애 또는 질병을 예방하고 관리 또는 치료하기 위해 고품질 소프트웨어 프로그램을 사용하는 증거 기반 치료다. 현재 디지털 치료제 제품은 제2형 당뇨병 및 체중 관리처럼 행동 수정이 가능한 문제를 대상으로 한다.

예를 들어 당뇨병 관리서비스 회사 웰닥Welldoc Communication은 환자와 의료 서비스 제공자를 위한 대화형 플랫폼으로 인지행동치료를 기반하여 행동 또는 심리를 치료한다. 인지행동치료는 증거 기반 기술을 사용하여 문제 행동과 해로운 인지 왜곡을 개선하고 감정 조절 능력 및 대처 기술을 향상하여 환자의 문제를 해결한다.

다양한 심리 상태에서 디지털 도구를 사용하여 임상적 평가를 자주 실시하면 인지행동치료 효과를 높일 수 있다. 환자와 대면해서 평가 데이터를 수집하면 회상에 의해 편향될 위험이 높으며 중요한 맥락적 요소나 특정 기간에 일어난 급격한 변화를 반영하지 못할 수 있다. 그러나 스마트폰과 웨어러블 기기를 사용하여 평가 데이터를 수집하면, 대면 평가와 달리 시간에 구애받지 않고 편리하게 환자가 처한 생태적 맥락과 관련된 풍부한 정보를 실시간으로 확보할 수 있다. 따라서 디지털 기술과 인지행동치료 기술을 접목하여 각 개인에 맞춤한 단계적인 치료 개입을 적절히 할 수 있다.

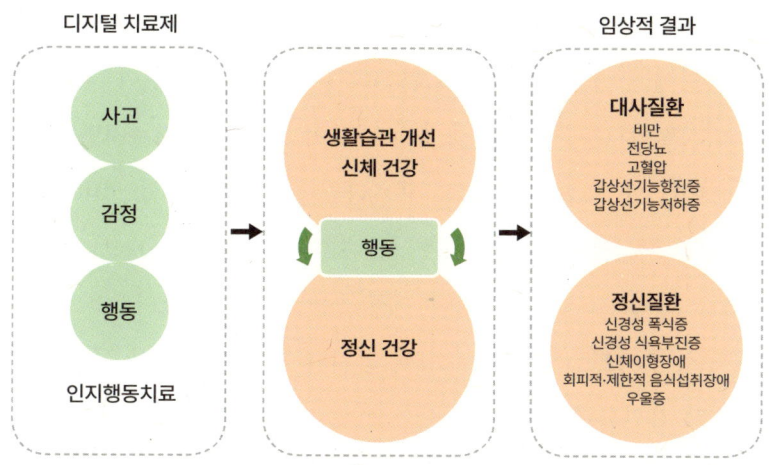

라이프스타일을 수정하기 위하여 디지털 치료법을 통해 정신 건강과 신체 건강 간의 상호작용을 돕는다.

디지털 치료제의
미래와 발전 전망

 디지털 치료제를 적용하기 위해서는 전통적인 표현형 평가뿐만 아니라 디지털 표현형 평가 기술이 발전해야 한다. 스마트폰이나 웨어러블 기기를 활용하면 다차원적인 표현형 정보를 수집할 수 있다.

 인공지능 분석을 통해 임상적으로 의미 있는 결과를 도출하고, 이를 시각적으로 적절히 제시할 수 있는 디지털플랫폼이 필요하다. 이 과정에서 직관적인 시각화 기술은 매우 중요하다. 시각적으로 정리된 정보들을 코치, 보호자, 학교, 선생님, 의료전문가와 환자 본인에게 제공하여 치료에 활용할 수 있도록 해야 한다.

디지털 치료제가 더욱 효과적으로 치료 효과를 거두려면 온라인 서비스에 제한되지 않고, 오프라인에서 실제 상품 서비스(음식 배달, 운동 서비스 등)와 연계되는 것이 효과적이다(O2O services, online-to-offline services). 이런 기술들을 확장하면 스마트홈, 스마트스쿨, 스마트직장, 스마트병원 등처럼 언제 어디서나 편리하게 컴퓨터 자원을 활용할 수 있도록 현실 세계와 가상 세계를 결합시킨 유비쿼터스ubiquitous 환경을 구축할 수 있다. 치료자는 스마트홈 환경 치료, 스마트스쿨 환경 치료 등을 처방할 수 있게 된다.

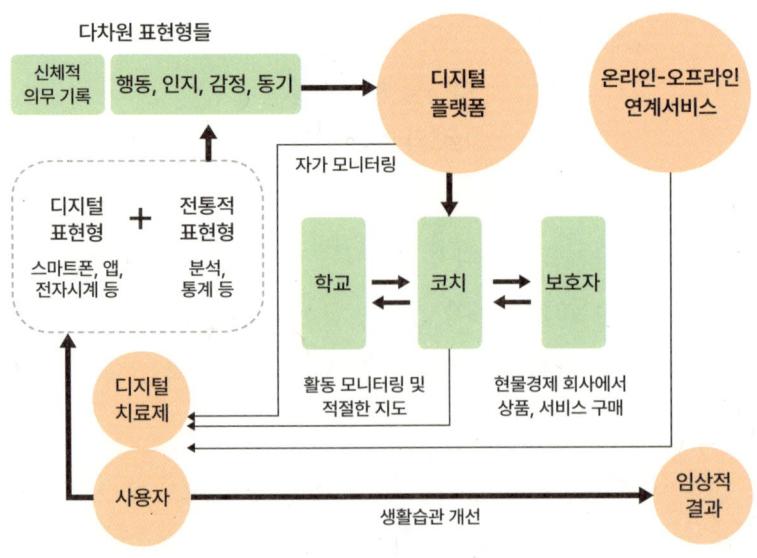

디지털 치료제의 생태계 환경에 대한 미래 전망

여러 분야 간의 경계가 사라지고 있다. 의료 전문가, 환자, 보호자 등 이해관계자를 위한 새로운 정책이 개발되어야 한다. 이를 통해 공공의 이익에 부합하는 지속 가능한 생태계와 비즈니스 모델을 구축할 수 있다.

새로운 시대가 도래했다

매우 강력하며 효과적이고 안전한 비만치료제가 널리 쓰이고 있다. 수많은 사람들이 이 새로운 비만치료제 덕분에 식욕 문제를 해결할 것이고, 죽을 뻔했던 사람들은 목숨을 구할 것이다. 디지털 헬스케어는 점점 발전하여 일상에서 함께하고 있으며 우리 삶이 건강해지는 데 도움을 주고 있다. 새로운 하드웨어들이 개발되어 다양한 웨어러블 기기 등의 형태로 편리하게 우리의 건강을 지켜줄 것이다.

그렇다면, 모든 문제가 해결된 것일까? 아니다. 앞서 살펴본 바와 같이 비만약은 사용하고 있는 중에만 효과가 있고, 중단하면 시작하기 전보다 나쁜 모습으로 돌아가고, 너무 비싸다. 디지털 헬스케어는 아직 너무 불편하고 효과가 약하다.

지금 시점에 내가 제안하는 활용 방법은 비만약과 디지털 헬스케어를 함께 사용하는 것이다. 비만약에만 의존하고 생활습관과 주변 환경을 정리하지 않으면 효과가 없기에, 비만약과 디지털 헬스케어를 같이 사용하는 것이 중요하다.

비만약을 사용하기 시작하면 신기한 새로운 경험을 하게 된다. 배고픔이 예전만큼 찾아오지 않고, 먹기 시작한다고 해도 많이 먹지 않는다. 이런 약효를 그저 즐기고만 있지 말고, 주변 환경과 생활습관을 근본적으로 혁신할 수 있는 기회로 활용하자.

과거에 비만약 없이 노력했을 때에는 살을 빼고 나면 강력한 요요현상과 관련된 금단증상과 같은 욕망들로 고생했을 것이다. 하지만 비만약을 사용하면 뇌과학적 기전으로 이런 금단증상을 이겨내기가 훨씬 쉬워진다. 특히 이 과정에서 디지털 헬스케어가 큰 도움이 될 수 있다. 디지털 헬스케어는 당신이 일상에서 맞닥뜨리는 문제와 실천들을 모두 기록할 수 있도록 돕고 자기 자신을 살펴볼 수 있도록 이끈다.

비만약으로 얻은 뇌과학적 기회를 그냥 지나치지 말고, 디지털 헬스케어를 활용하여 한 주에 하나씩 서서히 고쳐나가자.

먹는 욕망

에너지를 나누는 인간다움을 추구해야 한다

김대수

약자는 내어주고 강자는 취하기만 하는
관계성 속에서 우리는 사는 것일까?
먹고 먹히며 에너지를 순환하는 것이 자연의 섭리다.
인간사회도 자연의 섭리에서 벗어나지 않는다.

인생에서는 영원한 사냥꾼도,
영원한 먹잇감도 없다.

에너지를 나누는 인간다움을 추구해야 한다

오늘의 사냥꾼도
내일은 먹잇감이다

진정한 삶의 가치는 우리가 얼마나 소유했는가가 아니라, 우리가 무엇을 나누었는가에 달려 있다. _앨버트 슈바이처 Albert Schweitzer

자연에서는 영원한 사냥꾼과 영원한 먹잇감이 없다. 사냥꾼도 먹잇감이고, 먹잇감도 누군가에겐 사냥꾼이다. 먹고 먹히는 생태계 속에서 존재한다는 것은 너무도 자연스러운 일이다.

오직 인간만이 최상위 포식자로서 먹잇감의 운명을 벗어난 듯 보인다. 그러나 인간사회를 생태계로 본다면 인간만큼 처절하게 먹잇감으로 살아가는 존재는 드물다. 인간사회라는 생태계에서 인간은 죽을 때까지 누군가에게 자신의 에너지를 공급하면서 삶을 이어간다.

　나의 직업인 교수의 업무도 마찬가지다. 학생들이나 연구원을 먹잇감 삼아 나의 성공을 추구한다면 나를 사냥꾼으로 볼 수 있으나, 나의 에너지를 그들에게 내어주어 그것을 양분으로 그들이 성공을 추구한다면 나는 먹잇감이다. 부모로서 인간은 자식들에게 에너지를 공급하기 위해 자신의 건강과 재물과 시간을 희생하면서 산다. 내가 쓸 에너지를 희생한다는 것은, 내가 상대에게 먹잇감이 되어주는 셈이다.

　진화유전학자 윌리엄 해밀턴William D. Hamilton은 '나는 세 명의 형제 혹은 다섯 명의 조카들을 위해 목숨을 버릴 수 있다'라고 했다. 자신의 목숨을 잃는다 하더라도 유전자가 전달되어 이어질 수 있다면 손해가 아니라는 것이다. 인간 생활의 고뇌에 대한 지혜를 제공하고 삶의 궁극적인 의미와 깨달음을 추구하는 종교에서도 양보와 배려는 강조되는 덕목이다.

　이처럼 비범한 경지까지 가지 않더라도, 실생활 측면에서도 남을 배려하는 것은 희생이 아니다. 자신의 생존에 사용하고 남은 에너지로 배려하는 행동을 하는 것이기 때문이다. 또한 배려는 자신의 평판을 높이고 더 많은 협력자를 얻을 수 있는 기회를 만든다. 인간은 동물과 같이 자신의 몸을 먹잇감으로 내어주지 않지만 사회적 구조 속에서 이웃을 배려하여 자신의 에너지를 나누어 준다. 인간의 모습은 고차원적인 먹잇감, 즉, 메타푸드Meta food라고 할 수 있다.

문명은 배려와 함께 시작되었다

"내가 세운 법은 강자가 약자를 억누르지 못하게 하기 위함이다." _《함무라비》석주石柱의 서문

배려는 현대사회의 미덕이 아니다. 인류 문명의 태동기부터 서로를 보호하고 책임지는 윤리의 씨앗은 싹트고 있었다. 문자, 도시, 법률을 최초로 정립한 위대한 고대 메소포타미아 문명의 바탕에는 사회적 약자에 대한 보호, 공동체적 정의, 신과 인간 간의 도덕적 계약이 자리하고 있었다. 그러나 이러한 제도적 윤리 이전에 인류

고대 메소포타미아의 각지에서 발견되는 건축물로 일종의 신전인 지구라트.

는 훨씬 더 오래된 윤리적 실천을 공유해왔다. 그것은 바로 먹을 것을 나누는 행위, 즉 배려의 가장 원초적 형태였다.

음식을 나누는 행위는 단순한 생존의 문제를 넘어서, 인류 사회의 구성과 결속을 가능하게 만든 윤리적 실천이었다. 고고학적 증거에 따르면 구석기 시대의 수렵채집 사회에서는 사냥에 성공한 사람이 사유 없이 고기를 공동체에 분배하는 전통이 널리 퍼져 있었고, 이를 어긴 사람은 사회적 제재를 받았다.[7] 이는 인간의 본성이 이기심만으로 설명되지 않는다는 강력한 반례다. 음식의 공유는 생존을 위한 전략인 동시에, 공동체 윤리를 구성하는 첫걸음이었다.

이러한 윤리는 메소포타미아 문명에서도 중요한 문화적 요소로 계승된다.《길가메시 서사시》에서는 손님에게 음식을 제공하는 장면이 자주 등장하며, 고대의 신전에서도 사제 계급이 남는 제물을 공동체 구성원, 특히 고아와 과부에게 분배하는 관습이 존재했다.[8] 함무라비 법전 역시 농산물의 분배, 창고의 책임, 임대와 세금의 조정 등에서 공동체 내 식량 자원의 공정한 분배와 관련된 조항을 포함하고 있다.[9] 이는 음식을 중심으로 한 배려가 사회 제도의 핵심으로 자리 잡았음을 보여준다.

수메르의 지혜문학에도 이러한 사상이 드러난다. 격언 중에는 "조금 먹는 것이 사람을 죽이지 않는다. 많이 탐하면 죽음이 닥친다"라는 내용이 있다.[10] 배려는 타인을 위한 희생이 아니라, 장기적 공동체 생존을 위한 상호적 전략이었음을 암시한다. 이처럼 배려

《길가메시 서사시》 점토판 유물

는 경제적 행위와 윤리적 행위를 분리하지 않는 고대적 사유방식 속에서 자연스럽게 통합되어 있었다.

  오늘날 우리는 기술의 정점에 서 있다. 하지만 인공지능도, 유전자 편집도, 우주 개발도 결국은 '타인을 위한 배려'라는 윤리적 토대 없이는 공허한 진보에 불과하다. 배려는 단지 착한 행동이 아니라 공존의 기술이며, 문명 유지의 조건이다. 그리고 그 뿌리는 수천 년 전 티그리스-유프라테스 강변에서 이미 싹트고 있었고, 훨씬 더 이전 구석기 동굴 안에서도 피와 고기를 나누며 움찔거리던 인간들의 손길 속에서 살아 있었다.

  기억하자. 법은 정의를 말하지만, 문명은 배려로 시작되었다. 약자를 보호하고, 타인을 존중하며, 공감을 나누는 일이야말로 문명의 기초석이었다. 고대 메소포타미아의 유산은 우리에게 말한다.

"네가 나를 배려할 때, 우리는 비로소 함께 인간이 된다."

매력적인 메타푸드가 되는 방법

'2020 산탄데르 트라이애슬론대회'에서 스페인의 디에고 멘트리다Diego mentrida 선수는 앞서던 영국의 제임스 티글James Teagle 선수가 결승선을 앞두고 코스를 이탈하자 결승선 앞에서 티글 선수를 기다린 뒤 동메달을 양보했다. 많은 사람들이 감동하였고 주최 측은 두 선수 모두에게 메달을 수여했다.

뇌과학자인 나는 사실 멘트리다 선수의 뇌가 선뜻 이해되지 않는다. 예를 들어 과학자인 나에게 노벨상 오퍼가 왔는데 내가 그것을 거절하고 사실은 다른 연구자가 나보다 먼저 비슷한 내용을 보고한 적이 있다고 말할 수 있느냐 하면 자신이 없다. 멘트리다 선수가 실천한 것처럼 승리의 기회, 에너지 확보의 기회를 양보하는 것이야말로 사냥꾼 사회에서 먹잇감이 되어 양보하는 이상적인 메타푸드라 할 수 있다. 배려와 양보의 미덕을 지닌 매력적인 메타푸드는 다음과 같은 조건을 가진다.

1. 능력과 성품을 갖추어야 한다

멘트리다 선수가 선두권에서 달리지 못했다면 승리를 양보할 기회조차 없었을 것이다. 달리 말하면 능력을 키워 스스로 맛있고 영양가 있는 음식이 되어야 한다. 나눌 수 있는 능력이나 자질이 없으면서 이타적인 것처럼 행동하는 것은 오히려 피해가 된다.

현대에 들어서면서 배려는 때로 실효성 없는 선언, 선전적 이미지 관리로 전락하는 경우도 있다. 베네수엘라의 우고 차베스Hugo Chavez 정권은 빈민을 위한 식량과 보건 시스템을 강조하며 볼리바르 혁명을 내세웠지만, 국가 경제의 극단적 석유 의존, 정책 집행의 비효율, 부패 등으로 인해 실제 빈곤층은 더 큰 고통에 직면했다. 특히 차베스의 후계자인 니콜라스 마두로Nicolas Maduro 집권기에는 물가 폭등과 식량 부족으로 인해 인구의 상당수가 영양실조를 겪었으며, 이른바 '배급 식량을 통한 통제와 선전'이 이루어졌다는 국제사회의 비판도 존재한다. 겉으로는 배려를 내세웠지만, 실질적 역량 부족과 구조적 실패로 인해 오히려 사회적 약자의 고통은 심화된 사례다.

이와 유사한 사례는 북한에서도 발견된다. 북한은 헌법상 사회주의 배급 경제를 표방하며 식량을 무상으로 분배한다고 주장하지만, 실제로는 자원 부족과 정책 실패로 인해 수차례 심각한 기근을 겪었고, 정권은 배급을 통제 수단으로 삼아왔다. 국제사회는 이를 정치화된 배려의 왜곡된 형태로 간주한다. 북한의 경우, 배려라는 이름 아래 실질적 인도주의적 접근은 배제되고, 권력 유지 수단으로서 식량이 이용된다.

심리학적으로도 이러한 '가식적 배려'는 설명될 수 있다. 사회심리학자인 다니엘 뱃슨Daniel Batson은 인간의 이타적 행동이 순수한 공감empathy이 아닌, 자기 이미지 유지 또는 사회적 보상 기대에 기반할 수 있다는 점을 실험적으로 보여주었다.[11] 다시 말해, 배려는 윤리적 감정에서 비롯될 수도 있지만, 위선적 전략으로 전환되기 쉬운 이중성을 지닌다.

2. 자유를 전제로 한다

"타인을 위해 자기 자신을 쏟아붓는 자는 자신이 누구인지 진정으로 아는 사람이다." _ 마틴 루터 킹 Martin Luther King

멘트리다 선수의 양보는 누가 시킨 것이 아니다. 그는 "그게 당연한 결과이며 그것이 정의다"라고 스스로 평가했다. 자존감이 낮은 사람은 남의 평가를 잘 받기 위해 행동하고, 자존감이 높은 사람은 스스로 평가하여 행동한다. 진정한 양보는 자유로운 존재가 스스로 에너지와 기회를 이웃과 나누는 것이다.

마틴 루터 킹은 흑인을 위한 시민권 운동에 앞장서며 억압에 수동적으로 반응하는 피해자 서사에서 벗어나, 능동적으로 공동체를 위해 희생하고 나누는 주체로서의 흑인을 제시했다. 그는 자유의지를 기반으로 나눔과 배려의 선순환을 강조했다.[12]

1950년대 인도의 부단 운동Bhoodan Movement 당시 토지를 가진 자들이 자발적으로 빈자에게 땅을 기증했다. 이는 강제가 아닌, 내적 윤리와 자존감에 기반한 자발적 나눔이었다. 1백만 에이커 이상의 땅이 자발적으로 기증되었고, 이는 강제개혁보다 깊은 사회적 감화를 남겼다.[13]

3. 목적은 상대방의 성공이다

멘트리다 선수가 경쟁하던 선수에게 승리를 양보한 것처럼, 자신의 손해를 감수하더라도 내가 할 수 있는 최선의 것을 상대방에게 주어야 한다. 그의 성공이 나의 목적이 되기 때문이다. 역사적으로 자신의 명성이나 사회적 지위가 위협받는 것을 개의치 않고 도움을 준 위인들이 있다.

10세기 후반 유럽의 교황 실베스테르 2세Gerbert d'Aurillac는 아라비아 과학을 라틴 세계에 들여오려 시도하던 중, 페르시아 출신 철학자 이븐 시나Avicenna의 저작을 번역하고 학계에 소개하려 노력한다. 이 과정에서 그는 교회의 보수 세력으로부터 이단적이라는 비판을 받는다. 그러나 자신의 명성과 안정성을 희생하면서도 당시 이슬람권의 지식을 유럽에 소개한다. 이는 후대 르네상스와 서양 과학의 기초가 된다.[14]

흑인 과학자 조지 워싱턴 카버George Washington Carver는 미국 농업에 큰 혁신을 가져온 인물이다. 모세 카버Moses Carver와 수전 카버Susan Carver는 조지 워싱턴 카버가 노예 상태에서 해방된 뒤, 그와 그의 형

교황 실베스테르 2세 상

제 제임스를 집에 두고 키우며 기초 교육을 제공해 주었다. 밀홀랜드 부부Milholland family는 카버가 고등교육에 뜻을 두고 학교 문턱을 넘으려 할 때 만난 백인 부부로, 카버가 대학 진학 및 학업을 이어갈 수 있도록 경제적, 정서적으로 돕고 격려해주었다. 그 결과 카버는 땅콩·고구마 등으로 대표되는 농업의 과학화를 이루고 미국의 수십만 농가를 도왔다.[15]

우리네 어머니들은 자식이 먹는 모습만 봐도 배가 부르다고 말한다. 중증치매인 나의 어머니는 내가 차려드린 밥상도 당신이 드시지 않고 늘 먹어보라고 반찬이며 국이며 밥을 내 앞으로 밀어 주신다. 남의 에너지를 채워주는 메타푸드는 배고프지 않다. 칼로리 대신 진정한 사랑과 존경으로 배를 채우기 때문이다.

원하던 바를 이루어도
인간은 공허하다

　대학원생 시절 매일 실험실에서 살다시피하며 연구를 하고 또 하기를 반복했다. 실패에 대한 고통보다 두렵고 무서웠던 건 '한 가정의 가장으로서 책임을 다하지 못하면 어떡하지?' 하는 불안감이었다. 당시 나의 몸무게는 48kg를 맴돌았다. 조교수로 지내던 때, 학문적 역량과 연구비의 한계 속에서 하루 24시간 연구만을 생각했다. 힘겹게 연구 결과를 얻어 논문을 제출했지만 게재를 거절당했다. 엎친 데 덮친 격으로 연구비 수주에도 실패했다. 일에 중독인 줄 알았는데 고통에 중독이었던 시절이었다. 학교를 떠나라고 선배는 이야기했고, 이제 그만 교수를 관둬도 괜찮다고 아내는 격려했다. 당시 나의 몸무게는 55kg 언저리였다. 연구 논문들이 결실을 맺고 더 큰 연구비를 받고 테뉴어를 받았을 때, 나의 몸무게는 65kg를 넘었다. 대학 학장이자 한 기업의 대표로서 활동하는 지금 75kg를 넘어서고 있다.

　우리는 끊임없이 에너지를 사냥하는 존재다. 단세포 생명체부터 인간까지 모든 존재는 살아남기 위해 에너지를 탐지하고 확보한다. 이는 생명의 본능이다. 인간의 식욕은 그 욕구의 정점에서 작동한다. 앞서 고찰했듯, 시상하부는 무의식적인 에너지 명령의 중심축이며, 우리는 그것에 순응하며 살아간다.

　그러나 인간은 여기서 멈추지 않았다. 프로이트가 말했듯, 욕구는 인간 내면을 움직이는 원초적 힘이다. 이는 종종 우리가 의식적으로 이해하지 못하는 방식으로 삶을 지배한다. 라캉의 말대로, 우리는 욕구의 충족에 머물지 않고 사회적으로 주입된 욕망을 끊임없이 추구한다.

그 결과 프롬이 지적한 것처럼 인간은 자유로부터 도피하는 존재가 되었다. 우리는 충분히 먹고살 수 있는 자유를 얻었지만, 다시 욕망의 굴레 속으로 회귀한다. 과도한 경쟁, 끊임없는 비교, 정체성에 대한 불안은 더 많은 에너지와 성취를 요구한다. 그리고 아이러니하게도 우리는 그 모든 것을 이루고 난 뒤에도 여전히 공허함을 느낀다.

그렇다면
이제 무엇을 해야 할까?

"나는 하늘에서 내려온 살아 있는 떡이다. 누구든 이 떡을 먹으면 영생하리라. 내가 줄 떡은 세상의 생명을 위해 준 내 살이다."
_《요한복음》 6:51

인간은 이제 더불어 협력하는 매력적인 사냥꾼이자 에너지를 나누는 고차원의 먹잇감으로 거듭나야 한다. 과거에는 자신의 성공만을 위해 내달리는 것을 '성공'이라 불렀지만, 이제 협력하는 사냥꾼이자 배려하는 사냥꾼이 성공자로 재정립되어야 하며 지식과 지혜와 윤리를 타인에게 내어주는 메타푸드로의 삶으로 나아가야 한다. 한 사람이 쌓아온 정신적·육체적 자산은 결코 그 사람만의 것이 아니다. 누군가의 도움 덕분에 일군 결과물이자 함께이기에 만들 수 있었던 사회적 자산이다. 누구도 혼자만의 힘으로 성공할 수 없다.

누구나 인생의 전반전은 매력적인 메타헌터로 열심히 살아야 한다. 그리고 인생의 후반전에 접어들면 자신의 에너지를 내어주는 메타푸드로의 삶을 준비해야 한다. 이는 대자연이 우리에게 알려주는 가르침이자 인류의 조상들이 우리에게 전해주는 무언의 유언이며 희망의 유전자다. 진정 자유로운 인간으로 거듭나는 길이며, 진짜 인간다움의 출발점이다.

나 또한 매력적인 사냥꾼으로 살기 위해 분투해온 시간을 마무리하고 나를 내어주는 메타푸드로서의 여정을 시작하고자 한다. 나는 지식과 지혜를 나누는 교수의 본질로 돌아가려 한다. 신임 교수 시절, 학생들 앞에서 "나는 교수로 성공한 삶을 원하지 않는다. 자연의 원리를 탐구하기를 즐거워하며 지식을 나누는 행복한 과학자가 될 것이다"라고 선언한 약속을 지킬 것이다. 후배 연구자들에게 지식의 씨앗을 나누고 필요하다면 기회를 양보하겠다. 정상에 오르는 방법만이 아니라 물러날 줄 아는 길까지도 후배들에게 전수할 수 있다면, 그것은 내가 살아온 치열한 교수로서의 삶에 대한 가장 깊은 보상일 것이다. 2017년경 서울대 의대의 한 젊은 교수로부터 신경회로 실험에 대한 도움을 받고 싶다는 메일을 받았다. 그 교수는 직접 대전 KAIST로 방문하여 나를 만났다. 비만과 식욕에 대한 새로운 실험에 대하여 논의하였고, 나는 그가 필요한 실험재료와 기구들을 가져가라고 했다. 멀리 있는 학자를 알아봐 주고 찾아와 준 고마움도 있었고 정말 잘 되었으면 하는 응원의 마음도 있었다. 이후 그는 승승장구하여 〈사이언스〉에 논문을 내는 등 비만과 식욕 분야의 세계적인 학자가 되었으니, 그가 바로 최형진 교수다. 우리나라 본격적인 실험연구 1세대인 나보다 더 훌륭한 후배 연구자들이 많으니 과학입국으로서 우리나라의 미래는 정말 밝다고 믿는다.

에너지를 나누기 위해 대단한 일을 찾아 나서지 않아도 된다. 가장 가까운 곳에서 가장 큰 사랑을 저마다 나누고 실천할 수 있다. 올해 초 어머니가 뇌경색으로 인한 중증 치매 진단을 받으신 날 이후로, 나는 매일 아침저녁 어머니 곁을 지키며 식사를 챙겨드리기 시작했다. 때마다 고혈압약과 치매약을 복용하시도록 하고, 내가 알고 있는 인지치료 방식을 총동원하여 어머니를 보살폈다. 40년 전 그만두셨던 학교에서 있었던 이야기를 들어드리고, 재작년에 돌아가신 아버지를 매일같이 함께 기다리며 아버지 몫까지 밥상을 차리는 일을 반복했다. 변화는 나와 어머니 모두에게 찾아왔다. 매일 12층 아파트를 오르내리면 몸에 쌓인 지방이 빠지는 것처럼 내 삶에 쌓인 과잉도 정리되어갔다. 어머니의 인지능력이 향상되어 1년이 지난 지금 더 이상 어머니는 돌아가신 아버지를 기다리지 않는다. 대신 바둑판을 들고 오시며 아버지와 나누시던 수담手談을 나와 함께 하자고 조르신다. 지난주에는 6개월 만에 혼자 산책도 다녀오시고 마트에 가서 장도 봐오셨다. 뇌과학자가 된 보람을 느끼는 순간이다.

알츠하이머 치매와 경막하 출혈로 인해 돌아가신 아버지와 함께한 시간과, 혈관성 치매를 겪고 계시는 어머니와의 생활은 나에게 삶과 죽음에 대한 가르침을 준다. '너의 죽음을 기억하라'는 뜻의 메멘토 모리Memento Mori를 마음에 새긴다.

생애 동안 내가 소비한 에너지를 음식값으로 환산해보면 약 3억 5,000만 원에 달한다. 매달 50만 원 정도를 쓴 셈이다. 나는 이제 그 에너지를 다른 이들에게 환원해야 한다고 믿는다. 만약 전 세계 50대 이상 인구 중 10%가 매달 50만 원을 기부한다면 연간 약 1,500조 원에 달하는 자원이 마련된다. 이는 세계 기아를 해결하고, 아동에게 교육을 제공하며, 백신 보급과 기후 위기 대응까지 할 수 있을 정도의 금액이다. 단순한 선의가 아닌, 인류의 시스템을 전환할 수 있는 실천이 될 수 있다.

이제, 우리는 다시 질문해야 한다. 인간이 사는 삶의 목적은 더 많은 에너지를 사냥하며 축적하는 데 있는가, 아니면 자신의 에너지를 나누며 순환시키는 데 있는가? 대자연이 우리에게 주는 가르침을 실천해야 한다. 진정 자유로운 인간으로 거듭나는 길 위에 우리는 서 있다. 진짜 인간다움을 실천해야 할 때다.

주

1부

1. Goodall, J., Infant killing and cannibalism in free-living chimpanzees, Folia Primatologica, 1977.
2. Litchhol B., Chimpanzees, conservation, and community: an analysis of the Jane Goodall institute's triangle approach, Johns Hopkins University, 2021.
3. Blench, 2001.
4. Roberts, 1998.
5. Zeder, 2012.
6. Jing, 2008.
7. Legge&Rowley-Conwy, 2000.
8. Liu, 2004.

2부

1. https://arxiv.org/abs/1411.6126
2. Miwoo Lee et al., Obesity mechanism after hypothalamic damage Cohort analysis of neuroimaging, psychological, cognitive, and clinical phenotyping data, Frontiers in Endocrinology, 2023.
3. Yu-Been Kim et al., A unified theoretical framework underlying the regulation of motivated behavior, BioEssays, 2024.
4. T. Andersen et al., Imagined eating–An investigation of priming and sensory-specific satiety, Appetite, 2023.

4부

1. Han, W., Tellez, L. A., Perkins, M. H., Perez, I. O., et al., A Neural Circuit for Gut-Induced Reward. Cell, 175(3), 665-678.e23, 2018.

2   Watts et al., 2018.
3   Peake, P. K., Hebl, M., & Mischel, W., Strategic attention deployment for delay of gratification in working and waiting situations. Developmental Psychology, 38(2), 313–326, 2002.
4   McClure et al., 2004.
5   Berns et al., 2007.
6   Crockett et al., 2010.
7   Hare et al., 2009.
8   Kyu Sik Kim et al., A normative framework dissociates need and motivation in hypothalamic neurons, Science Advances, 2024.

5부

1   Meelim Kim et al., mental health of people with distorted body weight perception using medicinal remedies., IJCHP, 2021.
2   Meelim Kim et al., Mental health of people with distorted body weight perception using medicinal remedies, IJCHP, 2021.
3   Johan Alsiö et al., feed-forward mechanisms-addiction-like behavioral and molecular adaptations in overeating., 2012.
4   https://pmc.ncbi.nlm.nih.gov/articles/PMC4605196
5   https://jamanetwork.com/journals/jamapediatrics/fullarticle/1107716
6   https://journals.plos.org/plosmedicine/article?id=10.1371%2Fjournal.pmed.1001848
7   https://edition.cnn.com/2012/09/13/health/new-york-soda-ban/index.html
8   https://publications.aap.org/pediatrics/article/143/4/e20190282/37217/Public-Policies-to-Reduce-Sugary-Drink-Consumption?autologincheck=red irected
9   https://jamanetwork.com/journals/jamapediatrics/fullarticle/1107716
10 https://journals.plos.org/plosmedicine/article?id=10.1371%2Fjournal.pmed.1001848
11 https://jamanetwork.com/journals/jamapediatrics/fullarticle/1107716

12. www.ucsf.edu/news/2019/10/415746/workplace-sales-ban-sugared-drink-shows-positive-health-effects
13. www.ucsf.edu/news/2019/10/415746/workplace-sales-ban-sugared-drink-shows-positive-health-effects
14. https://journals.plos.org/plosmedicine/article?id=10.1371%2Fjournal.pmed.1001848
15. https://publications.aap.org/pediatrics/article/143/4/e20190282/37217/Public-Policies-to-Reduce-Sugary-Drink-Consumption?autologincheck=red irected
16. https://pmc.ncbi.nlm.nih.gov/articles/PMC4605196/
17. https://publications.aap.org/pediatrics/article/143/4/e20190282/37217/Public-Policies-to-Reduce-Sugary-Drink-Consumption?autologincheck=red irected
18. https://pmc.ncbi.nlm.nih.gov/articles/PMC4605196/, https://journals.plos. org/plosmedicine/article?id=10.1371%2Fjournal.pmed.1001848
19. www.cbsnews.com/news/italian-code-nixes-rail-thin-models/, www.npr.org/2006/09/19/6103615/spain-bans-overly-skinny- models-from-fashion-shows
20. https://marketinglaw.osborneclarke.com/retailing/spain-bans-cult-of-the-body-ads/
21. www.cbsnews.com/news/italian-code-nixes-rail-thin-models/
22. https://marketinglaw.osborneclarke.com/retailing/spain-bans-cult-of-the-body-ads/
23. www.cbsnews.com/news/italian-code-nixes-rail-thin-models/, www.cbsnews.com/news/italy-bans-too-thin-models/
24. www.cbsnews.com/news/italy-bans-too-thin-models/
25. www.cbsnews.com/news/italy-bans-too-thin-models/
26. www.cbsnews.com/news/italian-code-nixes-rail-thin-models/
27. www.bbc.com/news/world-europe-39821036
28. www.cbc.ca/news/trending/models-in-france-must-now-submit- doctors-notes-stating-theyre-not-too-thin-1.3372226

29 www.cbc.ca/news/trending/models-in-france-must-now-submit-284285doctors-notes-stating-theyre-not-too-thin-1.3372226

30 www.cbc.ca/news/trending/models-in-france-must-now-submit- doctors-notes-stating-theyre-not-too-thin-1.3372226

31 자료 출처: 보건복지부.

32 Volkow 외, 2011.

33 Brandhorst S et al., A periodic diet that mimics fasting promotes multi-system regeneration, enhanced cognitive performance and healthspan, Cell Metabolism, 2015.

34 Brandhorst et al., 2015.

35 Harrison DE et al., Rapamycin fed late in life extends lifespan in genetically heterogeneous mice, Nature, 2019.

36 Martin-Montalvo A et al., Metformin improves healthspan and lifespan in mice, Nature Communications, 2013.

37 Mills KF et al., Long-term administration of nicotinamide mononucleotide mitigates age-associated physiological decline in mice, Cell Metabolism, 2016.

38 Kitada M et al., SGLT2 inhibitors as a therapeutic option for aging-associated metabolic disorders and prolonging lifespan, GeroScience, 2021.

39 Lee et al., Beta-lapachone, a modulator of NAD metabolism, prevents health declines in aged mice. PLoS ONE, 7(10): e47122, 2012. https://doi.org/10.1371/journal.pone.0047122

7부

1 A. Michael Lincoff, M.D. et al., Semaglutide and Cardiovascular Outcomes in Obesity without Diabetes, NEJM, 2023.

2 Sanyal A, et al., Phase 3 Trial of Semaglutide in Metabolic Dysfunction–Associated Steatohepatitis, NEJM, 2025.

3 Daniel J Drucker, The benefits of GLP-1 drugs beyond obesity, Science, 2024.

4 Jae Hyun Bae et al., Glucagon-Like Peptide-1 Receptor Agonist

Differentially Affects Brain Activation in Response to Visual Food Cues in Lean and Obese Individuals with Type 2 Diabetes Mellitus, DMJ, 2019.

5. Joon Seok Park et al., Clinical effectiveness of liraglutide on weight loss in South Koreans First real-world retrospective data on Saxenda in Asia, Medicine, 2021.
6. Cherl NamKoong et al., Central administration of GLP-1 and GIP decreases feeding in mice, BBRC, 2017., Leslie Jaesun Ha et al., Development of an assessment method for freely moving nonhuman primates' eating behavior using manual and deep learning analysis, Heliyon, 2024.
7. Gurven, M., To give and to give not: The behavioral ecology of human food transfers, Behavioral and Brain Sciences, 27(4), 543–583., 2004.
8. Foster B. R., Before the Muses: An Anthology of Akkadian Literature, CDL Press, 2001.
9. Roth M. T., Law Collections from Mesopotamia and Asia Minor, Scholars Press, 1997.
10. https://en.wikiquote.org/wiki/Sumerian_proverbs
11. Batson C. D., The Altruism Question: Toward a Social- Psychological Answer. Erlbaum, 1991.
12. Quakers Sutherland G., Business and Corporate Responsibility., Oxford University Press, 1984.
13. Oomen T. K., Charisma, Stability and Change: An Analysis of the Bhoodan-Gramdan Movement, Thomas Press, 1973.
14. Lindberg D. C., The Beginnings of Western Science, University of Chicago Press, 2007.
15. George Washington Carver: Agricultural Scientist and Inventor. PBS Biography

먹는 욕망

초판 1쇄 발행 2025년 7월 22일
초판 2쇄 발행 2025년 8월 8일

지은이 최형진, 김대수
펴낸이 봉선미

마케팅 이혜영
디자인 어나더페이퍼
용지 세종페이퍼 **제작** 한영문화사
펴낸곳 리더스 그라운드
출판등록 2023년 6월 20일 제2023-000114호
이메일 partner@readers-ground.com

ISBN 979-11-987319-7-5 (03180)

- 책값은 뒤표지에 있습니다.
- 파본은 구입하신 서점에서 교환해드립니다.
- 이 책은 저작권법에 의하여 보호를 받는 저작물이므로 무단 전재와 복제를 금합니다.
  이 책 내용의 전부 또는 일부를 이용하시려면 저작권자와 출판사의 동의를 받아야 합니다.
- 빛의서가는 리더스 그라운드의 출판 브랜드입니다.
- 리더스 그라운드는 독자 여러분의 책에 관한 아이디어와 원고 투고를 기다리고 있습니다.
  책 출간을 원하시는 분은 partner@readers-ground.com으로 책 출간에 대한 취지와 연락처 등을 보내주시기 바랍니다. 새로운 이야기를 환영합니다.